Oetinger

Bücher von Paul Maar bei Oetinger (Auswahl)

Das Sams und der blaue Drache

Snuffi Hartenstein und sein ziemlich dicker Freund

Das große Buch von Paul Maar

Schiefe Märchen und schräge Geschichten

Der Galimat und ich

Kakadu und Kukuda

Das kleine Känguru

Herr Bello und das blaue Wunder

Lippels Traum

Die Opodeldoks

Der tätowierte Hund

Paul Maar, 1937 in Schweinfurt geboren, ist einer der erfolgreichsten deutschen Kinder- und Jugendbuchautoren, zugleich virtuoser Wortkünstler und fantasievoller Erzähler. Zu seinen beliebtesten Figuren gehört das Sams, das in Büchern und Filmen sein Publikum begeistert und wie sein Erfinder im oberfränkischen Bamberg lebt. Aber auch Kinderhelden wie Lippel, Herr Bello und das kleine Känguru wurden von Paul Maar erschaffen. Der Autor hat viele bedeutende literarische Ehren erhalten, u. a. den Deutschen Jugendliteraturpreis für sein Gesamtwerk, den Friedrich-Rückert-Preis und den E. T. A.-Hoffmann-Preis.

Paul Maar

Der kleine Troll Tojok

Verlag Friedrich Oetinger · Hamburg

1. Auflage
© 2021 Verlag Friedrich Oetinger GmbH,
Max-Brauer-Allee 34, 22765 Hamburg
Alle Rechte vorbehalten
© Text und Illustrationen: Paul Maar
Lektorat: Simone Hennig, Hamburg
Druck und Bindung: Livonia Print SIA,
Ventspils iela 50, LV-1002, Riga, Lettland
Printed in 2021
ISBN 978-3-7512-0047-9

www.oetinger.de

Inhalt

Als der kleine Troll Tojok Geburtstag hatte, haben seine Eltern ein Lied gedichtet und es ihm vorgesungen. Der kleine Troll hat sich sehr darüber gefreut. Das Lied geht so:

DAS TROLL-LIED

Du bist mutig, du bist witzig,
Haare hast du grün wie Gras.
Deine Ohren, die sind spitzig,
und am liebsten machst du Spaß.
Du bist bekannt im ganzen Wald
bei Groß und bei Klein.
Ein Kater ist dein bester Freund.
Weißt du, wen ich mein?

Tojok, Tojok, kleiner Troll!
Tojok, Tojok, du bist toll!

Der Wald ist dein Revier,
dort kennst du jeden Baum,
dort kennst du jedes Tier!

Tojok, Tojok, kleiner Troll!
Tojok, du bist wirklich toll!

Was gibt's zum Abendessen?

1.

Ganz hinten im tiefen Wald steht ein Trollhaus. Darin wohnt Tojok, der kleine Troll, mit seinen Eltern.

Obwohl das Haus von außen ein bisschen wild aussieht mit seinen Mauern aus dicken Steinen, mit den Balken aus Holz und dem Dach aus Stroh, ist es eingerichtet wie ein Menschenhaus. Nur dass alles ein bisschen kleiner ist.

Da gibt es ein gemütliches Wohnzimmer mit drei Sesseln aus Weidenzweigen und einem dicken Baumstumpf als Tisch.

Natürlich gibt es auch eine große, gut eingerichtete Küche, in der mal die Mutter, mal der Vater kochen darf. Tojoks Mutter kann zwar viel mehr Gerichte als ihr Mann, aber der Sauerampfer-Salat mit jungen Löwenzahn-Blättern und kleinen Ringelblumen in Haselnussöl von Tojoks Vater ist wirklich sehr lecker.

Neben der Küche sind das Schlafzimmer der Eltern mit einem riesigen Doppelbett und daneben Tojoks Kinderzimmer.

Tojok ist ein ganz normaler Trolljunge. Das bedeutet, dass er lange, spitze Ohren hat, eine runde Nase und hochstehende grüne Haare.

Sein Vater versucht oft, Tojoks Haare zu kämmen, und macht sie sogar nass, um sie zu bändigen. Dann hängen sie links und rechts an seinem Kopf herunter.

Aber nach fünf Minuten, wenn die Haare trocken sind, sieht Tojok aus wie immer.

Am liebsten spielt Tojok draußen im Wald vor dem Haus. Manchmal allein, meistens aber zusammen mit dem Kater Mommo. Trolle können nämlich die Sprache der Tiere verstehen.

Mommo ist ein Wildkater, darauf ist er mächtig stolz. Seine Mutter ist eine echte Wildkatze.

Tojok und Mommo spielen oft *Ich sehe was, was du nicht siehst*. Weil wilde Katzen schärfere Augen haben als Trolle, gewinnt fast immer der Kater.

Kein Wunder, dass Tojok manchmal keine Lust mehr dazu hat.
Dann schlägt er meistens vor:
»Wir spielen lieber *Ich höre
was, was du nicht hörst!*«
Weil Trolle so große Ohren
haben, kann Tojok genauso gut hören wie Mommo. Dieses Spiel geht meistens unentschieden aus.

Ab und zu schlägt Tojok auch vor, dass
sie Buchstaben-Raten spielen. Dabei
muss der eine den Buchstaben mit
einem Stock in den Sandboden schrei-
ben, und der andere muss sagen, wie der
Buchstabe heißt. Tojok
gewinnt fast
immer. Er kennt

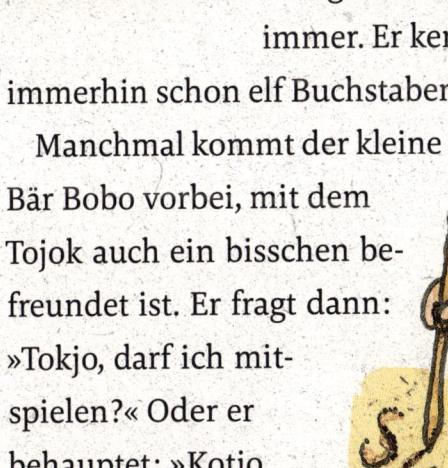

immerhin schon elf Buchstaben.

Manchmal kommt der kleine
Bär Bobo vorbei, mit dem
Tojok auch ein bisschen be-
freundet ist. Er fragt dann:
»Tokjo, darf ich mit-
spielen?« Oder er
behauptet: »Kotjo,
ich kenne mehr

Buchstaben als du!« Das ist aber reine Angeberei. Er kennt nämlich gerade mal sieben.

Tojok ärgert sich jedes Mal ein bisschen, weil Bobo ständig seinen Vornamen verdreht.

»Du darfst mitspielen, wenn du endlich meinen Namen richtig aussprichst!«, sagt er deshalb.

Bobo antwortet dann so was wie: »Kein Problem, Tokok! Ich darf anfangen, ja?«

Der Kater Mommo kennt nur das M und das O. Das sind die beiden Buchstaben, aus denen sein Name besteht.

Das M erkennt er, weil er findet, dass es wie zwei Katzenohren aussieht. Das O erinnert ihn an ein Vogelei. Er frisst nämlich manchmal Vogeleier, auch wenn er das nicht gerne zugibt.

Heute spielt Tojok nicht mit seinen beiden Freunden. Heute hilft er seinem Vater beim Packen.

»Wie lange wirst du weg sein, Papa?«, fragt Tojok, als sie fertig sind.

»Mindestens zwei Wochen. Vielleicht sogar vier«, sagt Tojoks Vater. »Ich treffe mich mit ein paar Trollen aus dem Nachbarwald. Sie haben in den Bergen einen tiefen Schacht entdeckt. Da wollen wir nach Edelsteinen graben.«

»Darf ich mit?«, fragt Tojok.

»Leider nicht«, sagt sein Vater. »Viel zu gefährlich. Außerdem musst du deiner Mutter beistehen, wenn ich weg bin.«

Tojoks Vater schnallt sich einen mächtigen Rucksack auf den Rücken, umarmt noch mal seine Frau und Tojok, dann geht er los. Bevor er zwischen den hohen Bäumen verschwindet, winkt er noch einmal zurück.

»Hast du gehört, was Papa gesagt hat?«, fragt Tojoks Mutter.

»Was meinst du?«, fragt Tojok zurück.

»Dass du deiner Mutter beistehen sollst!«, sagt sie.

»Ja, und?«, fragt Tojok.

»Die Wohnung sieht sehr schmutzig aus. Findest du nicht?«, meint Tojoks Mutter.

»Nur ein bisschen«, sagt Tojok schnell. Er ahnt, was jetzt kommt.

Tojoks Mutter sagt: »Ich kenne jemanden, der oft mit schmutzigen Schuhen quer durch die Küche marschiert, sich ein Glas Waldbeeren-Saft einschenkt und damit nach draußen verschwindet. Rate mal, wer das ist!«

»Meinst du etwa mich?«, fragt Tojok.

»Gut geraten«, lobt seine Mutter. »Und deshalb wird dieser Jemand heute beim Hausputz helfen.«

Gleich darauf fangen Tojok und seine Mutter damit an.

Zuerst wird der Kühl-
schrank entwässert. Tojoks
Vater hat ihn selbst gebaut
und zusammengeschraubt.
Im Winter wird der untere
Teil mit Eis gefüllt. Das
kühlt dann bis ins Frühjahr
hinein. Jetzt im Sommer ist
das Eis getaut und zu Wasser geworden. Das muss nun
abgeschöpft werden. Dadurch hat man viel mehr Platz
im Kühlschrank. Allerdings kühlt er dann nicht mehr
und wird zu einem normalen Küchenschrank.

Als Tojok und seine Mutter mit dem Kühlschrank fertig
sind, wischen sie den Küchenboden. Dann saugen sie im
Wohnzimmer Staub mit einem handbetriebenen Staub-
sauger, den Tojoks Mutter erfunden und gebaut hat. Tojok durfte ihr dabei helfen.

Schließlich putzen sie die Fenster und holen Spinnweben von der Zimmerdecke.

Als sie endlich mit dem Hausputz fertig sind, sinkt Tojoks Mutter erschöpft in den großen Sessel. »Du hast ganz toll geholfen«, lobt sie Tojok. »Zur Belohnung darfst du dir wünschen, was für ein Abendessen ich uns heute koche. Das lassen wir zwei uns richtig gut schmecken.«

»Toll«, sagt Tojok.

»Und was wünschst du dir?«, fragt die Trollmutter.

»Ich weiß noch nicht. Ich muss erst mal darüber nach-denken«, sagt Tojok.

»Na gut. Lass dir aber nicht zu viel Zeit damit«, sagt sie. »Wenn es ein Essen ist, das lange im Backofen stehen muss, würde ich es gerne schon am Nachmittag erfahren. Abgemacht?«

»Abgemacht!«, antwortet Tojok. »Ich werde mir was Feines ausdenken.«

2.

Zuerst einmal sucht Tojok seinen Freund Mommo. Er findet ihn gleich. Der Kater sitzt auf dem Hausdach.

Tojok klettert hoch, setzt sich neben ihn und sagt: »Ich darf mir aussuchen, was es heute bei uns zum Abendessen gibt.«

»Das ist gut«, sagt Mommo.

»Aber mir fällt nichts ein«, sagt Tojok.

»Das ist schlecht«, sagt Mommo.

Tojok fragt: »Was ist denn dein Lieblingsessen?«

Der Kater muss nicht lange überlegen. »Eine gut genährte, fette Maus«, antwortet er. »Es könnte aber auch ein Vogel sein. Die Vögel kriegt man nur so schlecht. Sie fliegen immer schnell weg. Ich ärgere mich jedes Mal, dass ich nicht fliegen kann.«

»Mach dir nichts draus«, sagt Tojok. »Ich bin auch nur ein einziges Mal geflogen.«

»Ehrlich? Richtig geflogen? Mit deinen großen Ohren als Flügel?«, fragt der Kater.

Tojok lacht. »Nein, ich bin mal hier vom Dach geflogen, als ich zu nah an den Rand kam.«

Mommo findet das gar nicht lustig. »Ha, ha. Das soll wohl ein Trollwitz sein?« Er ist ein bisschen ärgerlich. »Und? Weißt du jetzt, was du heute zu Abend essen willst?«

»Jedenfalls keine Maus«, sagt Tojok und klettert vom Dach.

»Du kannst ja mal den Biber fragen, ob der eine Idee hat!«, ruft ihm der Kater von oben nach. »Der wohnt unten am Bach. Vielleicht weiß er was Besseres als Mäuse.«

»Gute Idee!«, ruft Tojok zurück.

»Aber nimm dich unterwegs in Acht«, mahnt Mommo. »In unserem Wald treibt sich ein Hund herum. Der gehört nicht hierher, dieser Stinker. Der lebt bei den Menschen. Er könnte gefährlich sein!«

»Ich hab keine Angst vor Hunden«, behauptet Tojok. »Ich bin doch kein Wildkater!«

»Das soll wohl noch so ein Trollwitz sein«, sagt der Kater ärgerlich.

»Sei nicht gleich beleidigt!«, ruft Tojok und geht los.

Auf dem Weg zum Bach kommt ihm ein großer hellbrauner Hund entgegen, und Tojok kriegt doch ein bisschen Angst.

Er bleibt stehen und ruft: »Bist du ein friedlicher Hund, oder bist du gefährlich?«

Der Hund beantwortet die Frage nicht, sondern kommt näher und fragt: »Wieso kannst du sprechen?«

»Wieso soll ich nicht sprechen können?«, fragt Tojok zurück. »Du sprichst doch auch.«

»Aber ich kann dich verstehen«, sagt der Hund.

»Na und? Ich verstehe dich doch auch«, sagt Tojok.

»Ja, eben. Du verstehst mich«, wundert sich der Hund. »Obwohl ich doch ein Hund bin!«

»Warum wundert dich das?«

»Mein Mensch versteht nicht, was ich sage«, antwortet der Hund. »Und ich verstehe nicht, was er sagt. Höchstens wenn er *Sitz!* sagt oder *Platz!*.«

»Ich bin ja auch kein Mensch. Ich bin ein Troll«, sagt Tojok.

»Ein Troll? Das erklärt alles. War schön, mal jemanden zu treffen, mit dem man sich nett unterhalten kann. Nun muss ich weiter. Mein Essen wartet.«

»Warte mal! Wo du gerade vom Essen sprichst, fällt mir was ein«, sagt Tojok. »Ich wollte dich nämlich fragen, was Hunde essen.«

»Ich esse alles, was mir mein Mensch in den Futternapf füllt«, antwortet der Hund.

Tojok fragt: »Gibt es nichts, was du ganz besonders gerne isst?«

»Oh ja«, sagt der Hund und fährt sich mit der Zunge über die Schnauze. »Soll ich dir verraten, was das beste Essen der Welt ist?«

»Ja, bitte«, sagt Tojok.

»Ein dicker Knochen, an dem man ganz lange herumkauen kann!«

»Ich glaube nicht, dass mir so ein Knochen schmeckt«, sagt Tojok.

»Du musst ihn in der Erde verbuddeln und ihn nach drei oder vier Tagen wieder ausgraben«, schlägt der Hund vor. »Dann riecht er ganz besonders schmackhaft!«

»Ich will aber nicht drei oder vier Tage warten«, sagt Tojok. »Ich darf mir nämlich schon heute etwas zum Abendessen wünschen.«

»Dann wünsche ich dir auch etwas. Nämlich guten Appetit!«, sagt der Hund und läuft davon.

»Und ich weiß immer noch nicht, was ich als Abendessen vorschlagen soll«, sagt Tojok.

Der kleine Troll geht weiter. Nach einer Weile kommt er
beim Bach an. Er klettert einen Abhang hinunter und
ruft: »Hallo, Biber! Bist du da?«

Der Biber streckt seinen Kopf aus dem
Wasser und blickt Tojok neugierig entgegen. »Was gibt's?«, fragt er.

»Was isst du denn gerne?«, fragt
Tojok vom Ufer aus.

»Am liebsten nage ich an der
Rinde von einer Linde. Wenn ich
eine Linde finde, esse ich die Rinde
von dieser Linde.«

»Du sollst hier keine Gedichte aufsagen. Ich will wissen,
was du gerne isst!«

»Wieso Gedichte?«, fragt der Biber. »Ich erzähle, was ich
gerne esse. Wenn ich zum Beispiel eine Buche suche oder
einen Apfelbaum. Den findet man hier aber kaum ...«

»Ist schon gut«, sagt Tojok. »Rinde will ich bestimmt
nicht als Abendessen haben. Ich geh mal weiter. Guten
Appetit, lieber Biber!«

»Lieber Biber? Jetzt fängst du ja auch an zu reimen!«,
sagt der Biber und beginnt gleich zu singen:

»Wenn ich eine Buche suche
oder eine schöne Linde,
esse ich die Blätter nicht,
nein, ich esse nur die Rinde!
Ist die Rinde ziemlich hart,
muss ich lange daran nagen,
ist die Rinde aber zart,
rutscht sie schnell in meinen Magen.«

»Gut gereimt!«, lobt Tojok den Biber. Dann geht er schnell weiter.

»Danke, kleiner Troll!«, ruft ihm der Biber nach. Aber das hört Tojok schon nicht mehr.

3.

Bald darauf trifft der kleine Troll einen Hasen. »Bleib mal bitte stehen!«, ruft Tojok ihm zu. »Ich tu dir doch nichts! Ich bin kein Mensch, ich bin ein Troll. Das siehst du doch!«

Der Hase bleibt wirklich stehen und ruft ängstlich: »Ich bleib nur stehen, wenn du auch stehen bleibst. Wenn du näher kommst, renne ich weg.«

»Ist schon gut«, ruft Tojok. »Ich will ja nur von dir wissen, was du gerne isst!«

»Also, am liebsten esse ich weißen Klee, zusammen mit etwas Rotklee. Mischungsverhältnis etwa siebzig zu dreißig«, sagt der Hase. Er redet wohl gerne vom Essen.

»Was bedeutet *Mischungsverhältnis*?«, fragt Tojok.

»Ich meine zwei Drittel Weißklee, ein Drittel Rotklee. Noch besser wird das Rezept, wenn man ein, zwei Blättchen Sauerampfer daruntermischt. Das gibt dem Ganzen einen Schuss Bitterkeit«, schwärmt der Hase und hoppelt dabei nun doch näher. Seine Angst hat er offenbar ganz vergessen. »Sehr zu empfehlen ist auch Löwenzahn, aber nur die kleinen, jungen Blätter. Die älteren sind meist ein bisschen holzig. Um Bärlauch mache ich einen Bogen. Der ist mir zu stinkig. Aber Minze, also Minze ...«

Tojok sagt: »Entschuldige, dass ich dich unterbreche. Wird das dann gekocht oder gebraten?«

Da muss der Hase lachen. »Gekocht? Natürlich nicht. Viel zu umständlich. Nein, das isst man roh.«

»Ich glaube nicht, dass das ein gutes Abendessen für mich wäre. Danke trotzdem, Hase«, sagt Tojok und geht weiter.

»Was hast du nur gegen Klee?«, ruft ihm der Hase nach, dann murmelt er: »Dieser Troll scheint ja recht nett zu sein. Hat auch fast so schöne lange Ohren wie ich. Nur vom feinen Essen versteht er nichts. Aber man isst ja auch nicht mit den Ohren.«

Tojok kommt nun bei einem Raben vorbei: »Hallo, Rabe, kann ich dich mal was fragen?«

Der Rabe antwortet nicht.

»Hallo, Rabe?«, ruft Tojok noch einmal. »Also, entweder bist du schwerhörig oder einfach unhöflich!«

»Was heißt unhöflich? Es ist eher unhöflich, andere Tiere beim Essen zu stören«, antwortet der Rabe. »Ich musste erst eine Raupe runterschlucken.«

»Eine Raupe!«, wundert sich Tojok. »Wer mag denn Raupen?«

»Na ich!«, sagt der Rabe und fängt vor lauter Begeisterung an, krächzend zu singen:

»Oh, ich liebe es, wenn Raupen tief in meinem Schnabel stecken. Weil die dicken, bleichen Raupen ganz besonders lecker schmecken!«

Tojok schüttelt sich bei dem Gedanken, bleiche Raupen essen zu müssen. Er lässt den Raben seine Raupe verdauen und geht weiter zur Bärenhöhle. Vorsichtig blickt er in die dunkle Öffnung. Er will nachsehen, ob der kleine Bär Bobo da ist. Aber beim alten Bären, Bobos Vater, muss man vorsichtig sein. Wenn der gerade schlecht gelaunt ist, kann es gefährlich werden. Sehr gefährlich!

»Hallo, kleiner Bär!«, ruft Tojok in den Höhleneingang. »Hallo?«

Da kommt Bobo heraus. Tojok freut sich.

Der kleine Bär freut sich auch. »Hallo, Jokot!«, ruft er und legt Tojok die Pranken auf die Schultern.

»Tojok! Ich heiße Tojok«, verbessert der Troll ihn. »Immer verwechselst du meinen Namen. Das letzte Mal hast du mich *Kotjo* genannt und das vorletzte Mal *Tokjo*. Wenn du mich das nächste Mal *Jojokt* nennst, hast du alle Verdrehungen durch.«

»Daran sind deine Eltern schuld«, sagt der Bärenjunge.

»An deinen ganzen Buchstaben-Verdrehungen?«, fragt Tojok. »Wieso?«

»Weil sie dir diesen komischen Namen gegeben haben. Warum heißt du nicht Betz? Oder Bobo, wie ich?«

»Weil ich kein Bär bin«, sagt Tojok.

»So ist es«, bestätigt Bobo. »Du bist kein Bär, du bist ein Troll. Stimmt's?«

»Ja, stimmt«, antwortet Tojok.

»Und ein Troll kann kein Bär sein. Stimmt's?«, sagt Bobo. »Ein Bär kann auch kein Troll sein. Weil ein Bär ein Bär ist, und ein Troll ist ein Troll.«

Der Bär ist ein bisschen langsam im Denken, und Tojok muss sich zusammenreißen, um nicht ungeduldig zu werden. Deshalb nickt er und sagt: »Ja, das stimmt. Das hast du gut erkannt.«

»Ja, das habe ich«, antwortet Bobo stolz und wiederholt noch mal seine Erkenntnis. »Ein Bär ist ein Bär, und ein Troll ist ein Troll, ja!«

Tojok sagt: »Und dieser Troll möchte jetzt gerne wissen, was ein Bär gerne isst!«

»Welcher Troll?«, fragt Bobo und blickt sich um.

»Na ich!«, sagt Tojok.

»Du?«, fragt Bobo. »Warum sagst du dann *dieser Troll* und nicht *Tokok*?«

»Tojok!«, verbessert Tojok. »Ich heiße Tojok!«

»Du musst nicht gleich eingeschnappt sein«, sagt Bobo. »Ist das so schlimm, wenn ich deinen schwierigen Namen mal falsch sage?«

»Ja, schon, ich nenne dich ja auch nicht Bubu«, sagt Tojok.

»Bubu!« Der kleine Bär lacht. »Ein witziger Name. Bubu! Muss ich gleich mal meiner Mutter sagen. Bubu! Wenn ich einen Bruder kriege, muss sie ihn unbedingt Bubu nennen.«

»Aber bevor du das deiner Mutter erzählst, sagst du mir bitte, was Bären gerne essen, ja?«

»Das ist doch klar: Honig!«, sagt Bobo und leckt sich schon beim Wort *Honig* die Lippen. »Honig, Honig und noch mal Honig! Süßen Honig! Kennst du nicht das Honig-Lied?«

»Nein, wie geht das?«, fragt Tojok.

Bobo fängt gleich an zu singen:

»Honig, Honig, süßer Honig!
Das ist alles, was ich mag.«

»Ein ziemlich kurzes Lied«, stellt Tojok fest.

»Ich glaube, es gibt noch eine zweite Strophe«, sagt Bobo. »Lass mich mal nachdenken. Warte! Jetzt hab ich es:

Honig, Honig, süßer Honig,
süßer Honig jeden Tag.«

»Honig? Aber das ist ja wohl nur ein Nachtisch«, sagt Tojok. »Und was esst ihr vorher?«

»Honig natürlich«, sagt Bobo.

»Und als Vorspeise?«, fragt Tojok. »Doch nicht etwa auch Honig?«

»Gut geraten!«, lobt Bobo.

»Danke für die Auskunft«, sagt Tojok. »Ich muss jetzt gehen.«

»Kannst mich gerne mal wieder besuchen, Tokjo!«, ruft Bobo ihm nach. »War 'ne sehr interessante Unterhaltung.«

4.

Kurze Zeit später kommt Tojok beim Trollhaus an.

Der Kater Mommo liegt immer noch auf dem Hausdach und schläft. Er wird sofort wach, als er Tojok zurückkommen hört, und setzt sich auf.

»Na, weißt du jetzt, was du heute Abend essen möchtest?«, fragt er von oben.

»Nein, leider nicht«, sagt Tojok.

»Was hältst du von Eierpfannkuchen?«, fragt der Kater.

»Eierpfannkuchen? Ja, die mag ich. Eine gute Idee!«, ruft Tojok. »Warum hast du mir das nicht gleich gesagt?«

»Ist mir erst eingefallen, als du schon weg warst«, sagt der Kater.

»Danke!«, sagt Tojok und geht schnell ins Haus.

»Na, weißt du jetzt, was ich uns heute Abend kochen soll?«, fragt die Trollmutter.

»Ja, Eierpfannkuchen!«, antwortet Tojok.

»Ein guter Vorschlag! Da hat sich dein langes Nachdenken also gelohnt«, stellt die

Trollmutter fest. »Ich backe uns leckere Pfannkuchen, mit Zucker bestreut und dann eingerollt.«

»Da freue ich mich«, sagt Tojok.

»Deck schon mal den Tisch!«, sagt seine Mutter und fängt an, den Teig vorzubereiten.

In eine große Schüssel gibt sie erst Mehl, dann fünf Eier dazu, eine Prise Salz und zwei Tassen Wasser. Danach rührt sie alles um.

»So viel Teig?«, wundert sich Tojok. »Das wird doch viel zu viel für uns zwei.«

»Ich mache uns einen kleinen Vorrat. Pfannkuchen schmecken auch getrocknet. Wenn Papa heimkommt, freut er sich bestimmt über ein paar Eierkuchen.«

»Da hast du recht«, sagt Tojok.

»Hm. Wenn wir ein paar Beeren dazu hätten, wäre unser Abendessen noch schöner«, überlegt die Trollmutter.

»Darf ich welche holen?«, ruft Tojok. »Ich weiß, wo welche sind.«

»Ja, gerne. Aber beeil dich!«

Tojok rennt aus dem Haus.

Nicht lange danach kommt er schon wieder durch die Tür.

»Das ging aber schnell«, sagt die Trollmutter. »Hast du Beeren gefunden?«

»Ja, drei«, antwortet Tojok.

»Was, nur drei?«, fragt seine Mutter.

»Hätte ich denn mehr mitbringen sollen?«, fragt Tojok zurück.

»Na ja. Besser als nichts«, sagt die Trollmutter. »Wo hast du sie denn?«

»Sie warten draußen«, sagt Tojok und ruft: »Hallo, Bären, ihr könnt reinkommen!«

Drei Bären schieben sich jetzt durch die Tür: Vater Bär, Mutter Bär und der kleine Bobo.

»Herzlichen Dank für die Einladung, Frau Troll«, sagt der Bärenvater. Tojok ist froh, dass der alte Bär heute wohl gute Laune hat und sich aufs Abendessen freut.

»Das war eine wirklich schöne Idee«, lobt Bobos Mutter.

»Mahlzeit!«, ruft Bobo und setzt sich gleich an den Tisch.

»Aber das sind ja Bären!«, flüstert die Trollmutter ihrem Sohn zu.

»Ja. Du hast doch gesagt, ich soll welche holen«, sagt Tojok.

»Du solltest *Beeren* holen, nicht Bären!«, flüstert die Trollmutter. »Die haben einen Bärenhunger. Was machen wir jetzt?«

»Bären mögen am liebsten Honig. Hat mir Bobo erzählt«, flüstert Tojok zurück. »In der Speisekammer steht doch noch ein fast voller Honigtopf. Wir streichen einfach Honig auf die Eierkuchen.«

»Dann stell mal schnell noch drei Teller auf den Tisch!«, flüstert seine Mutter.

Die drei Bären sitzen erwartungsvoll auf der Bank, ganz eng aneinandergedrängt. Tojok setzt sich ihnen gegenüber auf den Stuhl. Die Trollmutter kommt gar nicht dazu, sich zu den vieren zu setzen. Sie hat eine zweite Pfanne auf den Herd gestellt und backt und backt.

Und dann landen auch schon vier Eierpfannkuchen auf den Tellern, mit Honig bestrichen und eingerollt.

Tojok isst seinen Pfannkuchen mit Messer und Gabel, die drei Bären nehmen ihre Teigrollen einfach in die Tatzen und lassen Messer und Gabel liegen.

Nach dem Essen, zu dem schließlich auch die Trollmutter kommt, streicht sich der Bärenvater über den Bauch und sagt: »Das waren die besten Honigkuchen, die ich je gegessen habe.«

»Ja, die allerbesten«, stimmt die Bärenmutter zu.

»Hat es dir auch geschmeckt, Bobo?«, fragt Tojok.

»Ja, Tokjo. Sehr, sehr gut«, lobt Bobo. »Am liebsten würde ich jeden Abend bei euch Pfannkuchen mit Honig essen. Sollen wir morgen Abend wiederkommen?«

»Das geht leider nicht«, sagt Tojok schnell. »Unser Honigtopf ist nämlich leer.«

»Das ist aber schade«, sagt Bobo. »Wenn er wieder voll ist, sagst du uns gleich Bescheid, ja, Jokot?«

»Ja, das mache ich, Bubu«, antwortet Tojok.

»Bubu! Er hat meinen Namen verwechselt und *Bubu* gesagt!« Der kleine Bär fällt vor Lachen von der Bank.

»Komm, steh auf, Bobo!«, sagt
die Bärenmutter und zieht ihren Sohn wieder hoch. »Wir gehen jetzt. Noch mal vielen
Dank für das gute Essen.«

Als die drei Bären gegan-
gen sind, sagt die Trollmutter
zu Tojok: »Der Honigtopf ist immer
noch halb voll. Das hast du aber gewusst, Tojok.«

»Ja, ich habe ein kleines bisschen gelogen«, gibt Tojok
zu. »Hättest *du* denn Lust, jeden Abend die Pfannkuchen
zusammen mit drei Bären zu essen?«

»Nein, wirklich nicht«, gibt die Trollmutter zu. »Dann
schon lieber mit drei Beeren!«

Die Reise zum verborgenen Tal

1.

Der kleine Troll Tojok liegt auf der Wiese im tiefen Gras und lässt sich die Sommersonne ins Gesicht scheinen. Die Wiesenblumen duften, Schmetterlinge fliegen von Blüte zu Blüte. Im Lindenbaum summen die Bienen.

Oben auf dem strohgedeckten Hausdach liegt Tojoks bester Freund, der Wildkater Mommo. Er lässt sich von der Sonne das Fell wärmen und schaut zu Tojok herunter. Plötzlich steht er auf und ruft: »Vorsicht, Tojok! Pass auf!«

»Au!«, ruft Tojok. »Was ist das? Was soll das?« Etwas zieht heftig an seinen Haaren.

Eine Ziege hat
Tojoks grüne
Haare im Maul
und kaut daran
herum.

»Sag mal,
spinnst du?«,
ruft Tojok und springt
auf. »Du dumme Ziege kannst doch
nicht meine Haare auffressen!«

»Entschuldige, kleiner Troll«, sagt
die Ziege. »Ich habe dein grünes Haar
für ein Grasbüschel gehalten.«

Mommo oben auf dem Dach bekommt einen Lachanfall und ruft: »Los,
komm hoch zu mir, Tojok, dann fressen
dir keine Ziegen mehr die Haare
vom Kopf!«

Tojok steigt zu ihm aufs Dach.

»Wollen wir was spielen?«, fragt
der Kater.

»Ich sehe was, was du nicht siehst«,
schlägt Tojok vor.

»Sehr gut«, sagt Mommo. »Ich sehe was,
was du nicht siehst, und das ist schwarz.«

»Ich sehe es auch, und es kommt näher«, sagt Tojok.

»Stimmt«, sagt Mommo. »Und es kann fliegen.«

»Das kann nur ein Rabe sein«, sagt Tojok. »Es sieht so aus, als würde er zu uns kommen.«

Und wirklich landet der Rabe neben den beiden auf dem Hausdach.

Der Vogel sagt etwas, ohne den Schnabel aufzumachen. Es klingt wie »nang-nang-nang« oder »hum-hum-hum«. Dabei streckt er den beiden den Schnabel entgegen.

Jetzt sehen Tojok und Mommo, warum der Rabe nicht sprechen kann: In seinem geschlossenen Schnabel steckt ein Zettel.

»Ist der Zettel für uns?«, fragt Mommo.

Der Rabe nickt heftig. Tojok nimmt ihm den Zettel ab.

»Mann, hat das lange gedauert!«, sagt der Vogel. »Ihr beide scheint nicht gerade die Hellsten zu sein. Der Brief ist für diesen Kater da bestimmt.«

»Für mich?«, ruft Mommo. »Kannst du mir bitte vorlesen, was da steht, Tojok?«

Aber Tojok kann es auch nicht ganz entziffern. Er will es nicht zugeben und buchstabiert: »Ein M und noch ein m und dazwischen ein Strich. Dann noch ein Strich. Das ist ein i. Genau. Das Wort heißt *Mimi*. Den Rest kann ich nicht lesen.«

»Komm, wir fragen deine Mutter!«, sagt Mommo, springt vom Dach und landet auf allen vieren.

Tojok klettert hinterher, der Rabe flattert mit ihnen ins Trollhaus.

Die Trollmutter staunt. »Ein Brief für Mommo? Wer schickt denn Briefe an einen Kater?«

Sie liest vor:

»Lieber Kater Mommo! Meine Mimi ist einsam und langweilt sich. Mimi würde dich SEHR gerne kennenlernen. Komm uns doch mal besuchen! Vielleicht geht Tojok auch

47

mit. *Den würde nämlich ICH gerne kennenlernen. Viele Grüße von Smilla*«

»Wer ist denn Mimi?«, will der Kater wissen.

»Mimi?«, wiederholt der Rabe. »Na, das ist die Katze von Smilla!«

»Und wer ist Smilla?«, fragt Tojok.

»Eine junge Trollin. Ungefähr so alt wie du! Sie ist die Enkeltochter der alten Hulla.«

»Und wo wohnt diese Smilla?«, fragt Tojok weiter.

Tojoks Mutter antwortet. »Ich habe von der alten Hulla schon mal gehört«, sagt sie. »Sie und Smilla wohnen in einem Tal am Waldrand. Oben im Gebirge. Wir Trolle nennen es *Das verborgene Tal*, weil es außer uns keiner kennt.«

»Diese Smilla will mich also kennenlernen!«, sagt Tojok stolz. »Na gut. Dann gehen wir eben zu ihr.«

Doch Tojoks Mutter sagt: »Ihr kennt den Weg nicht. Ich weiß nicht, ob ich euch allein losziehen lassen kann.«

»Ich bin doch schon groß. Jedenfalls ziemlich groß«, sagt Tojok. »Bitte, Mama, lass uns gehen! Das wird ein richtiges Abenteuer!«

»Ich weiß nicht«, sagt seine Mutter zögernd.

»Papa ist auch ständig im Wald unterwegs«, sagt Tojok. »Ich will mal werden wie er. Ich will mich im Wald auskennen. Damit kann man nicht früh genug anfangen.«

Seine Mutter muss lachen. »Na gut«, gibt sie nach. »Heute ist es schon zu spät. Morgen ganz früh dürft ihr losziehen. Ich werde alles vorbereiten. Du brauchst einen Rucksack mit Essen und Trinken. Dann noch eine dünne Decke. Und du, lieber Rabe, wirst die beiden begleiten und ihnen den Weg zum Tal zeigen, ja?«

»Und was bekomme ich dafür?«, fragt der Rabe.

»Ein großes Stück selbst gemachten Käse«, antwortet die Trollmutter.

»Abgemacht! Ich fliege ein kleines Stück voraus, damit ihr wisst, in welche Richtung ihr gehen müsst«, sagt der Rabe zu Tojok. »Aber dann müsst ihr euch allein durchschlagen.«

2.

Am nächsten Morgen verabschieden die drei sich von der Trollmutter. Tojok hat schon den Lederrucksack auf dem Rücken.

»Pass gut auf meinen Tojok auf!«, sagt die Trollmutter zum Kater. Sie umarmt noch mal ihren Sohn, dann ziehen Tojok, Mommo und der Rabe los.

Der Rabe fliegt voraus, die beiden anderen folgen ihm am Boden. Sie sind guter Laune. Im Wald riecht es angenehm nach Holz und Harz, die wilden Kräuter duften, unter den Bäumen ist es schattig und nicht zu heiß.

Tojok bleibt stehen: »Mann, ist das schön hier. Komm, Mommo, wir singen das Waldlied!«

»Ha, ha! Hast du schon mal einen Kater singen hören?«, fragt Mommo.

Tojok schlägt vor: »Mach einfach nach jeder Strophe ein lautes, langes *Miau*! Das klingt wie Gesang.«

Damit ist der Kater zufrieden. »Nach jeder Strophe *Miau*, das ist gut!«

Tojok fängt an:

»Der wald liebt uns,
der wald schützt uns,
der wald gehört uns,
der wald nützt uns!«

»Miiiauauu, Miaau, Miiau, Miiiau!«, macht der Kater.

»Ein Miau genügt!«, sagt Tojok. »Jetzt kommt die zweite Strophe:

Der wald ist grün,
der wald ist schön,
es macht uns spaß,
durch ihn zu gehn!«

Mommo sagt: »Miaaauuu! War ein schönes Lied, richtig trollig. Miau!«

»He, wo bleibt ihr denn?«, ruft da der Rabe und kommt zu den beiden zurück.

»Wir haben nur ein bisschen gesungen«, sagt Mommo.

»Gesungen?«, wiederholt der Rabe mürrisch. »Als ob ein Kater singen könnte!«

Mommo sagt: »Ich weiß noch eine Strophe, die wir singen könnten:

Es ist gefährlich,
im Wald zu bleiben,
weil sich da manchmal
Hunde rumtreiben.«

»Hast du wirklich Angst vor Hunden?«, fragt Tojok. »Ich dachte, ein echter Wildkater kennt keine Furcht?«

»Kenn ich auch nicht«, behauptet Mommo. »Aber Hunde sind Fieslinge. Sie stinken, machen ständig Ärger und wollen immerzu nur beißen, beißen, beißen!«

»Ich weiß ja, dass Hunde und Katzen sich nicht leiden können«, sagt Tojok. »Aber es gibt auch freundliche Hunde. Erst letzte Woche bin ich einem begegnet.«

»Das kann vielleicht sein«, sagt Mommo. »Ich verstehe ja nicht, was sie sagen. Hunde und Katzen sprechen verschiedene Sprachen. Wahrscheinlich ist das der Grund, weshalb wir uns nicht leiden können.«

»Aber die Ziege verstehst du doch auch?«, sagt Tojok.

»Mit der bin ich zusammen aufgewachsen«, sagt Mommo.

»Mit dem Raben aber nicht«, sagt Tojok.

»Ja, stimmt«, gibt der Kater zu. »Katzen und Hunde sprechen eben verschiedene Sprachen.«

Die beiden gehen weiter. Inzwischen wird der Wald immer dichter. Unter den Bäumen wachsen Sträucher und Gräser, die höher sind als der Kater.

Der Rabe hat es leicht. Er flattert über ihnen zwischen den Bäumen durch. Tojok und Mommo müssen sich durch das Gebüsch kämpfen.

Der Kater schimpft: »Wie sind wir nur auf die doofe Idee gekommen, mitten durch den Wald zu marschieren?«

»Wenn du keine Lust hast, die Katze Mimi zu sehen, können wir ja wieder nach Hause gehen«, sagt Tojok.

Aber das will Mommo auch nicht. Er ist neugierig auf Mimi.

Nach einer Weile geht der Laubwald in Tannenwald über. Der Rabe landet auf dem Waldboden und wartet, bis Tojok und Mommo bei ihm sind.

»So, jetzt lasse ich euch allein weitergehen«, sagt er.

»Ich muss mir was zu essen suchen. Ihr geht einfach immer weiter in diese Richtung, bis ihr an den Waldrand kommt.«

»Danke«, sagen Tojok und Mommo.

»Nichts zu danken«, sagt der Rabe und fliegt weg.

Die beiden wandern jetzt so weiter, wie es der Rabe gesagt hat. Plötzlich klettert Mommo ganz schnell auf einen Baum und bleibt oben auf einem dicken Ast sitzen.

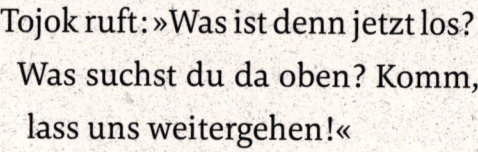

Tojok ruft: »Was ist denn jetzt los? Was suchst du da oben? Komm, lass uns weitergehen!«

Mommo ruft zurück: »Da vorne! Schau!«

»Was ist da vorne?«

»Ein Hund! Siehst du nicht? Ein Hund!«

Inzwischen ist der Hund bei Tojok angekommen. Er knurrt, als er den Kater über sich auf dem Ast sieht, und sagt zu Tojok: »Dieser eklige, fiese Kater soll gefälligst oben auf seinem Baum sitzen bleiben, bis er verhungert, dieser Schwächling! Sonst geht es ihm dreckig, und er kriegt meine spitzen Zähne zu spüren.«

Mommo fragt Tojok: »Was hat er gesagt? Ich höre immer nur *Wau-wau*!«

Tojok übersetzt, allerdings nicht ganz wörtlich: »Er hat vorgeschlagen, dass du bitte schön da oben bleiben sollst. Da ist es gemütlich, findet er.«

Mommo ruft von oben: »Ich denke nicht dran, mir von so einem dreckigen Hund etwas befehlen zu lassen. Dieser stinkige Köter soll gefälligst ganz schnell verschwinden, dieser Strolch!«

Der Hund fragt: »Was sagt dieser fiese Kater? Ich höre immer nur sein *Miau-miau*!«

Tojok sagt: »Der Kater meint, dass du vielleicht nicht

so gut klettern kannst wie er. Dass du aber bestimmt viel schneller und eleganter laufen kannst.«

Der Hund nickt. »Da hat er aber recht. Ich bin der schnellste Hund weit und breit. Soll ich dir und dem Schisser da oben auf dem Baum mal zeigen, wie schnell ein richtiger Hund rennen kann?«

»Sehr gerne. Da wird er bestimmt staunen, der Kater«, sagt Tojok.

Der Hund rennt weg und ist gleich hinter Bäumen verschwunden.

Mommo fragt: »Was hat er gesagt?«

Tojok sagt: »Er rennt jetzt weg, weil er doch ein wenig Angst vor dir hat. Du kannst also gerne herunterkommen.«

Der Kater springt vom Baum und landet auf allen vieren. Dann gehen sie schnell weiter.

3.

Nachdem sie zwei Stunden weitergewandert sind, kommen sie zu einem Bach.

»Wir müssen durch«, sagt Tojok. »Ich probiere mal aus, wie tief er ist.«

Er steigt ins Wasser und tastet sich Schritt für Schritt weiter. Das Wasser ist nicht sehr tief. Es geht ihm gerade bis zu den Knien.

Gleich darauf ist Tojok drüben am anderen Ufer.

»Es ist überhaupt nicht gefährlich«, ruft er dem Kater zu. »Nur meine Hose ist jetzt nass. Aber die wird bald wieder trocken sein. Komm schnell!« Als er sich umdreht, steht Mommo immer noch am anderen Ufer.

»Was ist? Warum kommst du nicht?«, ruft Tojok.

Zögernd streckt der Kater eine Pfote ins Wasser und zieht sie schnell zurück. Dann blickt er verlegen zu Tojok herüber und sagt: »Können wir nicht am Bach entlanggehen, bis er schmaler wird oder bis große Steine aus dem Wasser ragen, auf die man springen kann? Ich ... ich trau mich nicht ins Wasser.«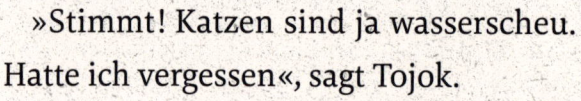

»Stimmt! Katzen sind ja wasserscheu. Hatte ich vergessen«, sagt Tojok.

Er legt seinen Rucksack ab und watet durchs Wasser zurück zum Kater. »Steig auf meinen Rücken, ich trage dich!«

Tojok nimmt den Kater huckepack, und schon sind sie am anderen Ufer.

»Danke! Du bist ein echter Freund«, sagt der Kater.

Dann wandern sie weiter. Nach zwei Stunden stehen sie wiederum vor einem Bach.

»Schon wieder so ein doofer Bach, der uns den Weg versperrt«, beschwert sich Tojok.

»Nein, Tojok. Wir müssen uns verirrt haben und im Kreis gegangen sein«, sagt Mommo. »Schau mal: Das Gras hier ist noch ganz nass und niedergetreten. Wir stehen genau da, wo wir vor ein paar Stunden schon waren.«

»Mist! Du hast recht«, sagt Tojok. »Ich schätze, wir werden heute den Waldrand nicht mehr erreichen. Es wird schon langsam dunkel. Wir sollten uns einen Platz zum Schlafen suchen.«

Sie gehen jetzt in die Richtung, die vom Bach wegführt. Nach einer Weile entdeckt Mommo zwischen den Bäumen einen Felsen. Der obere Rand des Felsens ragt

nach vorne wie ein Stein-
dach. »Guck mal, Tojok!
Das ist doch so was wie
eine Höhle«, ruft er. »Da
werden wir übernachten.«
Tojok holt die Decke aus
dem Rucksack, breitet sie
aus und setzt sich darauf.
»Mal sehen, was uns Mama
zu essen mitgegeben hat.
Nicht schlecht: ein Stück
Brot, ein Stück Käse, und
im Tonkrug ist noch Was-
ser. Mommo, willst du ein
Stück abhaben? Mommo?«
Tojok blickt sich um. Der Ka-
ter ist verschwunden. Gerade als der Troll aufstehen und
nach Mommo suchen will, kommt der Kater zurück.

»Wo warst du denn?«, wundert sich Tojok.

»Ich habe mal kurz zu Abend gegessen«, sagt Mommo
und lacht. »Die Waldmäuse hier schmecken übrigens viel
würziger als in unserem Wald.«

Langsam wird es dunkel. Die beiden sitzen unter dem
Felsen und lauschen auf die Geräusche ringsum. Ein
Eichelhäher ruft in der Ferne. Die kleinen Waldvögel zwit-

schern noch einmal ganz laut vor dem Einschlafen. Direkt über ihnen ertönt das *Huhuu, huhuu* einer Eule. Es raschelt im Unterholz, wenn sich kleine Waldtiere einen Schlafplatz im Laub suchen. Glühwürmchen fliegen als grün leuchtende Pünktchen durchs Dunkel. Zweige knacken. Irgendwo bellt ganz heiser ein Tier.

»Ist das ein Hund?«, fragt Mommo.

»Nein, das ist ein Fuchs.« Tojok kennt sich aus. »Füchse bellen so ähnlich wie Hunde.«

»Beißen die auch?«, fragt Mommo.

»Nein, nein«, sagt Tojok. Er ist sich nicht ganz sicher, will seinem Freund aber keine Angst machen. »Der kann uns nichts tun!«

Mommo und Tojok kuscheln sich eng aneinander.

»Du musst keine Angst haben, Tojok. Ich beschütze dich«, sagt der Kater.

Darüber muss Tojok lachen. »Ich sollte vielleicht besser dich beschützen.«

»Dann beschützen wir uns eben gegenseitig«, schlägt Mommo vor. »Gute Nacht, Tojok. Schlaf gut!«

»Schlaf du auch gut«, sagt Tojok. »Soll ich uns vorher noch ein Gutenacht-Lied singen?«

»Kennst du denn eines?«, fragt Mommo.

»Nein, aber ich kann ja eines dichten«, sagt Tojok. »Wir müssen nur in den Wald hineinlauschen, dann fällt uns schon was ein.« Er fängt an:

>**»Ein Kuckuck ruft,
ein Fuchs, der bellt,
die Eule schreit: HUHU!
Ein Eichelhäher krächzt noch mal,
dann gibt er endlich Ruh.
Zum Schlaf legt sich
die ganze Welt,
und es wird still im Abendwald.
Der Kater Mommo gähnt und gähnt
und macht die Augen zu.**

Der Bach glänzt jetzt im
Mondenschein.
Und Troll und Kater ...
schlafen ... ein.«

Am nächsten Morgen werden sie vom Raben jäh geweckt.
»Hier treibt ihr euch herum!«, schimpft er.
»Ich habe schon geahnt, dass ihr zwei euch
verlaufen werdet. Jetzt packt mal schnell
eure Sachen. Diesmal lasse ich euch nicht
mehr allein. Jetzt begleite ich euch bis
zum verborgenen Tal. Smilla und Mimi
haben euch gestern Nachmittag schon
erwartet.«

»Woher wussten sie denn, dass wir zu
ihnen unterwegs sind?«, fragt Tojok.

»Ich hab's ihnen natürlich gleich erzählt«, sagt der Rabe.

»Zur Belohnung bekommst du noch
drei Stücke Käse, wenn wir wieder
zu Hause sind«, sagt Tojok.

»Es dürfen ruhig auch vier
oder fünf sein«, erlaubt der Rabe
großzügig und flattert los. »So,
jetzt fliege ich langsam vor euch
her. Bis zum verborgenen Tal!«

»Warum heißt das Tal eigentlich so?«, will Tojok wissen. »Ist es so versteckt?«

»Das wirst du schon sehen, wenn wir da sind«, sagt der Rabe. »Los, folgt mir! Ich fliege ein Stück, lande und warte auf euch. Dann fliege ich wieder ein Stück und warte. So lange, bis wir da sind.«

Der Weg führt jetzt bergauf. Je höher Tojok und Mommo

kommen, desto niedriger werden die Bäume. Nach einer Stunde stehen sie vor einer steilen Felswand.

»Hier ist Schluss. Es geht nicht weiter«, sagt Tojok. »Wir müssen wieder zurück.«

»Müsst ihr nicht!«, krächzt der Rabe. »Müsst ihr nicht!«

Er sitzt jetzt auf dem oberen Rand des Felsens und blickt zu den beiden herunter. Er hat seinen schwarzen Schnabel weit aufgerissen und lacht.

Tojok und Mommo blicken ratlos zu ihm hoch.

Der Rabe ruft: »Seht ihr die Spalte im Felsen? Klettert mal hoch und schiebt euch durch!«

»Ja, aber die ist so schmal, dass keiner durchkommt!«, ruft Tojok zurück.

»Wenn du meinst, dass kein Mensch sich da durchzwängen kann, hast du recht«, bestätigt der Rabe. »Aber ein Troll schafft es.«

»Und ein Kater erst recht«, sagt Mommo.

»Dann probiert es mal!«, befiehlt der Rabe.

Die beiden halten sich an vorstehenden Steinen fest und klettern mutig nach oben.

Der Kater klettert am schnellsten. Schon verschwindet er im Felsspalt.

Gleich darauf hört Tojok ihn rufen: »Ich bin auf der anderen Seite! Komm schnell nach, Tojok! Schau dir das an!«

Als der Troll auf der anderen Seite neben Mommo steht, staunt er. »Mann, sieht das schön aus!«

Vor ihnen liegt ein schmales, grünes Tal ganz ohne Bäume. Auf der linken Seite ragen steile Felsen hoch. Rechts sieht man oben den Waldrand.

Und von einem vorspringenden Felsen beinahe verbor-
gen, steht da ein strohgedecktes Haus.

»Wohnen dort Smilla und ihre Oma, diese Hulla?«, fragt
Tojok den Raben, der neben den beiden gelandet ist.

»Und Mimi?«, fragt Mommo.

»Ja«, antwortet der Rabe.

»Schau mal da unten, Mommo: ein riesenbreiter Bach!«
Tojok staunt.

»Das ist kein Bach, so etwas nennt man See«, erklärt ihnen der Rabe. »Ich fliege mal los und sage Smilla und der
alten Hulla, dass ihr gleich da seid.«

4.

Als Tojok und Mommo beim Haus angelangt sind, werden sie schon von Smilla an der Haustür erwartet. Auf dem Arm trägt sie eine schneeweiße Katze mit einem buschigen Schwanz. Die Katze schläft.

»Das ist Mimi!«, flüstert Mommo seinem Freund zu. »Mann, ist die schön!«

»Na, Tojok«, sagt Smilla. »Habt ihr endlich hergefunden?«

Nun kommt auch die alte Hulla aus dem Haus. Sie geht an einem Stock. Ihre Haare sind grau, stehen aber immer noch schön nach oben.

»Da sind ja die beiden Wanderer«, stellt sie fest. »Kommt rein, ich habe schon das Essen für euch vorbereitet.«

Nach dem Essen zeigt Smilla den beiden Besuchern ihr Tal. Sie geht voraus, Tojok und Mommo folgen ihr. Eine Weile wandern die drei an dem kleinen See entlang, den sie von Weitem gesehen hatten.

Tojok hält seine Hand ins Wasser. »Ist gar nicht kalt«, stellt er fest. Er wickelt die Hosenbeine hoch. »Hast du auch Lust, im Wasser weiterzugehen, Smilla?«, fragt er.

»Nein, Tojok«, sagt sie. »Ich will nicht mit einer nassen Hose zum Abendessen kommen.«

»Und du, Mommo?«, fragt Tojok den Kater.

Mommo schüttelt den Kopf.

»Ach so. Katzen sind ja wasserscheu«, erinnert sich Tojok
und steigt in das flache Wasser.
»Das hatte ich schon wieder
vergessen.«

Der Troll stapft im Wasser
weiter, der Kater geht neben
Smilla am Seeufer entlang.

Nach einer Weile kitzelt etwas an Tojoks Unterschenkel. Er
bückt sich und schaut nach unten. Gerade ist ein Schwarm
kleiner Fische dabei, zwischen seinen Beinen durchzu-
schwimmen.

»He, Mommo, ist das was für dich?«, ruft Tojok, hält
beide Hände unter die Fische und schleudert einige Fisch-
chen ans Ufer.

Mommo schnappt sie sich. Das ist gar nicht einfach,
weil sie so glitschig sind.

»Mann, Tojok«, ruft er,
nachdem er die Fische aufgegessen hat. »Die schmecken
ganz ausgezeichnet! Kannst du
mir bitte noch mal einen von diesen Fischen rausschleudern?
Wenn's geht, einen großen!«

»Hast du denn immer noch Hunger?«, fragt Smilla.

»Nein, den Fisch will ich deiner Mimi mitbringen. Als Geschenk«, sagt er.

Tojok schafft es wirklich, einen etwas größeren Fisch an Land zu schleudern.

»Trägst du ihn bitte für mich zu Mimi?«, bittet Mommo Tojok. »Aber hinter deinem Rücken, damit sie ihn nicht gleich sieht. Es soll eine Über- raschung werden.«

Tojok steigt aus dem Wasser, greift sich den Fisch und geht mit Mommo und Smilla zurück zum Trollhaus.

Als die drei zum Haus zurückkommen, ist Mimi aufge- wacht.

»Hallo, Mimi!«, sagt Mommo. »Hier sind wir!«

»Hallo, Mommo«, sagt sie. »Schön, dass du mich be- suchst. Du bist der erste Kater, den ich treffe.«

»Der erste *Wildkater*«, verbessert Mommo. »Ich habe ein Geschenk für dich!«

»Ein echtes Geschenk? Da bin ich gespannt!«, sagt Mimi.

Mommo bittet Tojok: »Gibst du Mimi bitte mein Geschenk?«

Der Troll holt den Fisch hinter seinem Rücken hervor und legt ihn vor Mimi auf den Boden.

Die blickt erstaunt auf den Fisch. »Das ist das Geschenk? Ein Fisch? Was soll ich denn damit?«

»Na, essen«, sagt Mommo.

»Fische esse ich nicht besonders gerne«, sagt Mimi. »Und wenn, dann nur gekocht!«

»Fisch magst du also nicht. Soll ich dir eine Maus fangen? Ich bin der beste Mäusefänger im ganzen Wald.«

»Eine Maus? Wie eklig!«, ruft Mimi. Sie schüttelt sich bei der Vorstellung, eine Maus essen zu müssen.

»Fische magst du nicht, Mäuse magst du nicht. Was isst du denn dann?«, fragt Mommo.

»Milch. Milch mit feinen Haferflocken.«

»Ziegenmilch?«, fragt Mommo.

»Bäh, die stinkt doch!«, ruft Mimi.

»Schafmilch?«, fragt Mommo.

»Nie!«, sagt Mimi verächtlich. »Für mich kommt nur Milch von einer Kuh infrage.«

Mommo fragt: »Von einer Kuh? Was ist denn eine Kuh?« Tojok weiß es auch nicht.

Mimi lacht: »Ihr Hinterwäldler wisst nicht mal, was eine Kuh ist?«

»Bei uns im Wald gibt es jedenfalls keine«, sagt Tojok beleidigt.

»Ihr kennt wirklich keine Kühe?«, mischt Smilla sich ein. »Kommt mit, ich zeig euch unsere Kuh! Sie steht im Stall neben dem Haus.«

Alle gehen nun zum Stall. Selbst die alte Hulla humpelt hinterher. Tojok und Mommo staunen, als sie vor dem großen Tier stehen.

»Geh nicht so nah ran!«, warnt Mommo seinen Freund. »Diese Kuh ist ja höher als der alte Bär bei uns im Wald!«

»Und sie hat Hörner. Sie ist bestimmt wahnsinnig gefährlich«, findet auch Tojok und weicht einen Schritt zurück.

Smilla lacht und streichelt der Kuh über den Rücken.

»He, sie traut sich, dieses Kuh-Tier anzufassen!«, ruft Mommo.

»Smilla, du bist das mutigste Trollmädchen, das ich kenne!«, sagt Tojok anerkennend.

»Wie viele Trollmädchen kennst du denn?«, fragt Smilla.

»Nur dich«, gibt Tojok zu.

Mimi lacht die beiden Waldbewohner aus. »Die fürchten sich vor unserer Kuh!«, ruft sie. »Ein wilder Kater, und hat Angst vor Kühen.«

Die Kuh wendet den Kopf zu Mommo und sagt: »Musst ... keine ... Angst ... haben. Bin ... doch ... Kuh!« Sie spricht ganz langsam und kaut dazwischen.

Die alte Hulla verteidigt Mommo und Tojok. »Ihr müsst gar nicht lachen«, sagt sie zu Smilla und Mimi. »Als ihr kleiner wart, hattet ihr auch Angst vor der großen Kuh! Ihr habt euch inzwischen nur an sie gewöhnt.«

Zu Tojok und Mommo sagt sie: »Los, kommt mit ins Haus, dann dürft ihr mal von der Milch trinken, die wir von dieser Kuh bekommen.«

»Ja ... Milch«, wiederholt die Kuh.

Im Haus bekommt Tojok von Hulla einen Becher voll Milch, dem Kater schüttet die Trolloma die Milch in eine kleine Schale am Boden.

Beide sind sich einig: Kuh-milch ist etwas sehr Gutes!

Mimi sitzt auf einem Kis-sen und schaut zu, wäh-rend Mommo trinkt. Nach einer Weile fragt sie: »Sag mal, Mommo, haben Wild-

kater eigentlich immer so schmutzige Pfoten?«

»Was hast du gegen meine Pfoten?«, fragt der Kater zurück.

»Sie sind schmutzig«, sagt Mimi.

»Ich bin ja auch zwei Tage durch den Wald gelaufen«, sagt Mommo. »Denkst du, der Waldboden ist so sauber wie eure Stube hier?«

»*Ich* lecke meine Pfoten jeden Tag mehr-mals sauber«, sagt Mimi.

»Ich habe keine Lust, meine Pfoten sauber zu lecken«, sagt Mommo. »Und ich habe auch keine Lust, mir ständig deine spitzen Bemerkungen anzuhören. Ich gehe jetzt spazieren.«

Draußen vor dem Haus trifft der Kater den Raben. »Du bist ja auch noch da!«, sagt Mommo.

»Erstens muss ich mich nach dem langen Flug ausruhen«, erwidert der Rabe. »Und zweitens lasse ich euch doch nicht allein zurückgehen. Ich will nicht, dass ihr euch noch mal verirrt.«

»Schön, dass du auf uns wartest«, sagt der Kater.

Der Rabe fragt neugierig: »Und? Wie findest du die Katze Mimi?«

»Ziemlich doof«, sagt Mommo. »Sie macht sich lustig über mich.«

»Ehrlich?«, fragt der Rabe. »Dabei wollte sie doch unbedingt, dass du hierherkommst. Mach dir nichts draus!«

»Aber Smilla und Tojok, die mögen sich«, sagt Mommo.

»Meinst du?«, fragt der Rabe.

»Das hat man doch gleich gesehen«, sagt Mommo.

»Da hast du recht«, sagt der Rabe. »Los, komm mit! Wir suchen uns was zu essen. Mal sehen, wie die Raupen hier im Tal schmecken.«

»Und die Mäuse«, sagt Mommo und geht mit dem Raben los.

5.

»Smilla, kommst du ein bisschen mit nach draußen?«, schlägt Tojok vor. »Los, wir steigen aufs Dach! Da oben stört uns keiner.«

»Aufs Dach?«, fragt Smilla. »Das ist doch gefährlich. Wir könnten abstürzen. Ich weiß gar nicht, ob wir da hinaufsteigen dürfen.«

Tojok lacht. »Du fürchtest dich nicht vor dem großen Kuh-Tier, hast aber Angst davor, auf das Hausdach zu klettern? Bei uns zu Hause sitze ich den halben Tag da oben. Komm, ich zeig dir, wie man hochsteigt!«

Tojok klettert voraus, reicht Smilla die Hand und zieht sie hoch zu sich. »Du kannst dich an mich anlehnen, wenn du dich hier oben nicht sicher fühlst«, sagt er.

Aneinandergelehnt sitzen sie nun auf dem Strohdach.

»Mann, ist das schön!«, ruft Smilla. »Wie weit man sehen kann! Schau mal: Der kleine See ist plötzlich ganz nah.«

»Er sieht aus, als ob auf ihm ganz viele Lichter angezündet sind«, sagt Tojok.

»Ja. Er glitzert in der Sonne«, sagt Smilla.

Unter ihnen kommt die alte Hulla aus der Tür und blickt nach oben. »Da seid ihr!«, ruft sie. »Ist das nicht gefährlich da oben?«

»Überhaupt nicht«, ruft Smilla zurück. »Guck mal, Oma, ich kann sogar stehen!« Sie greift nach Tojoks Hand und stellt sich auf.

»Ganz schön mutig, die Kleine«, murmelt Hulla, während sie ins Haus zurückgeht. »Will wohl diesem Tojok gefallen.«

Tojok sagt: »Smilla, darf ich dich etwas fragen?«

»Warum nicht?«, sagt Smilla und setzt sich wieder.

»Warum lebst du hier mit deiner Oma? Hast du denn keine Eltern?«

Smilla wird ganz ernst. »Nein«, sagt sie. »Sie sind schon lange tot.«

»Das tut mir leid«, sagt Tojok.

»Ich kann mich kaum noch an sie erinnern«, sagt Smilla. »Sie waren im Winter hoch oben in den Bergen. Da ist eine ganze Wand aus Schnee abgerutscht, ins Tal gestürzt und hat sie unter sich begraben. Seitdem wohne ich mit Oma Hulla zusammen. Komm, lass uns lieber von etwas anderem reden!«

»Ich kann ja was von zu Hause erzählen«, schlägt Tojok vor. »Ich sitze da immer mit Mommo auf dem Dach. Wir spielen Spiele. Zum Beispiel *Ich sehe was, was du nicht siehst.* Mommo muss dann raten, was ich gerade sehe.«

»Ich sehe auch was«, sagt Smilla. »Etwas Witziges. Schau mal zum Seeufer! Ein Kater und ein Rabe wollen Fische fangen, aber beide trauen sich nicht ins Wasser.«

Tojok und Smilla bleiben noch lange nebeneinander auf dem Dach sitzen und reden. So lange, bis es schon dämmert.

Die alte Hulla kommt wieder aus der Haustür und ruft hoch: »Kommt endlich herunter! Es wird schon dunkel.«

»Nur noch ein bisschen!«, bittet Smilla. »Ich will Tojok die Sterne zeigen.«

»Die Sterne kannst du ihm auch von hier unten zeigen!«, ruft Hulla. »Außerdem sind es dieselben Sterne, die er sieht, wenn er zu Hause ist.«

Hulla hat schon das Abendessen vorbereitet. Es gibt Pfannkuchen! Tojoks Lieblingsessen.

Nach einer Nacht im Haus der alten Hulla machen sich Tojok und Mommo bereit für den Heimweg.

Smilla hat noch vier kalte Pfannkuchen in Tojoks Rucksack verstaut und seine Wasserflasche gefüllt.

Nun verabschieden sie sich. »Auf Wiedersehen, Tojok«, sagt Smilla und umarmt ihn. »Ich hoffe, wir sehen uns bald mal wieder. Ich würde mich sehr freuen.«

»Vielleicht kannst du ja *mich* bald mal besuchen«, schlägt Tojok vor. »Der Rabe führt dich bestimmt sicher durch den Wald.«

»Ja, das mache ich gerne«, sagt der Rabe.

»Auf Wiedersehen, Tojok«, sagt auch die alte Hulla.

Mimi sagt: »Auf Wiedersehen, Mommo. Es war schön, dass du auf deinen schmutzigen Pfoten extra für mich den weiten Weg gegangen bist. Ich habe mich gefreut.«

»Davon habe ich nichts gemerkt«, knurrt Mommo. »Auf Wiedersehen, Smilla und Hulla.«

Dann gehen Tojok und Mommo zusammen mit dem Raben los.

Diesmal verirren sie sich nicht.

Als die drei zu Hause ankommen, werden sie von Tojoks Mutter ungeduldig erwartet. Sie freut sich sehr und umarmt ihren Sohn.

Der Rabe sagt: »So, nun habe ich mir aber eine Belohnung verdient!«

»Das stimmt«, sagt die Trollmutter. »Ein großes Stück Käse habe ich schon für dich bereitgelegt.«

»War nicht mal die Rede von fünf bis sechs Stücken Käse?«, fragt der Rabe.

»Davon war zwar nie die Rede. Du sollst sie trotzdem haben«, sagt sie.

Dann wendet die Trollmutter sich an den Kater. »Und wie war es mit deiner Mimi?«, fragt sie. »Ich hoffe, der lange Weg hat sich gelohnt.«

»Erstens ist das nicht *meine Mimi*«, sagt der Kater. »Und zweitens hätten wir uns den Ausflug sparen können. Diese hochnäsige, eingebildete Katze!«

»Erstens und zweitens! Jetzt sprichst du schon wie ein Rabe«, sagt die Trollmutter lachend.

»Der Weg hat sich wirklich nicht gelohnt. Das findest du wahrscheinlich auch, Tojok? Oder?«, sagt Mommo.

»Nein, das finde ich nicht«, sagt Tojok. »Immerhin haben wir gelernt, dass es außer unserem Wald noch eine andere Welt gibt.« Er wird jetzt ein bisschen verlegen. »Und dass wir Smilla kennengelernt haben, war sehr schön. Ich will sie auf jeden Fall wiedersehen.«

»Aha! Und mit ihr auf dem Dach sitzen, was?«, fragt Mommo.

»Du musst nicht eifersüchtig sein, Mommo. Hier bei uns sitze ich immer noch mit *dir* auf dem Dach«, sagt Tojok. »Los, komm mit!«

Gemeinsam steigen sie hoch.

»Man kann zwar nicht so weit schauen wie im verborgenen Tal«, sagt Tojok, als sie oben sitzen. »Man sieht keinen See. Dafür sieht man um uns herum die ganzen schönen Bäume.«

»Ich sehe was, was du nicht siehst«, fängt Mommo an. »Es ist schwarz und kann nicht reden, weil es den Schnabel voller Käse hat!«

»Ein schwieriges Rätsel«, sagt Tojok. »Ich komme nicht drauf. Vielleicht sollte ich mal den Raben fragen, ob er die Antwort weiß!«

Der geheimnisvolle Einbrecher

1.

Der kleine Troll Tojok sitzt zusammen mit Mommo auf dem Dach des Trollhauses. Gerade spielen sie mal wieder *Ich sehe was, was du nicht siehst.*

Tojok fängt an: »Ich sehe was, was du nicht siehst. Es ist schwarz-weiß!«

Mommo muss es erraten. »Etwas Schwarz-Weißes?«, wiederholt er. »Nur wenige Tiere sind schwarz-weiß. Der Dachs zum Beispiel. Aber den kannst du nicht sehen, der ist tagsüber in seinem Bau. Außerdem kann ich ihn nicht leiden. Er stinkt nämlich.«

»Du sollst nicht riechen, sondern raten!«, sagt Tojok. »Rate weiter!«

»Auch die Elstern sind schwarz-weiß«, sagt Mommo.

»Stimmt«, sagt Tojok.

»Ich seh aber keine. Siehst du eine?«, sagt Mommo.

»Du sollst auch nicht reimen, sondern raten!«, sagt Tojok.

»Ist es denn überhaupt ein Tier?«, fragt Mommo.

»Ja!«, antwortet Tojok.

»Hat es vier Beine?«, fragt Mommo weiter.

»Nein«, sagt Tojok.

»Dann hat es also zwei Beine und muss ein Vogel sein«, überlegt Mommo.

»Muss nicht«, sagt Tojok. »Es könnte ja eine Schlange sein. Die hat überhaupt keine Beine.«

»Stimmt«, sagt Mommo. »Ist es ein Vogel?«

»Ja, es ist ein Vogel.«

»Ich gebe auf«, sagt Mommo. »Was ist es?«

»Ein schwarzer Rabe mit einer weißen Raupe im Schnabel«, sagt Tojok lachend.

Mommo muss auch lachen. »Und ich sehe etwas, das ist grün«, sagt er.

»Aber nur auf dem Kopf. Außerdem hat es einen Schnurr-bart. Es ist ein großer Troll und ...«

Mommo hört auf zu sprechen, denn Tojok ist schon mit

einem mächtigen Satz vom Dach gesprungen und losge-
rannt. Gleich darauf liegen sich der große Troll und Tojok
in den Armen.

»Endlich bist du wieder da, Papa!«, ruft Tojok. »Ich
freue mich. Und Mama wird sich erst recht freuen.«

»Ja, ich war lange weg«, sagt der große Troll. »Aber jetzt
bin ich zurück und werde bleiben.«

Tojoks Vater stellt den Rucksack ab, den er auf dem Rücken hatte, und kramt darin.

»Ich habe etwas mitgebracht«, sagt er. »Das ist für dich,

Tojok! Es ist ein Bergkristall. Ganz tief unter der Erde habe ich ihn gefunden.«

»Danke!«, sagt Tojok. Er hält den Kristall in die Höhe. Der glitzert im Sonnenlicht und wirft farbige Lichter auf die Bäume ringsum.

Tojok ist begeistert. »Danke, Papa«, sagt er noch mal. »Der Kristall ist sehr, sehr schön!«

Sein Vater sagt: »Jetzt lass uns aber schnell ins Haus gehen!«

Die Trollmutter freut sich riesig, dass ihr Mann wieder da ist, und umarmt ihn.

»Für dich habe ich natürlich auch ein Geschenk dabei«, sagt er, holt aus seinem Rucksack eine runde rote Frucht heraus und reicht sie ihr.

»Was ist das denn?«, fragt die Trollmutter.

»Das ist ein Apfel«, erklärt er ihr. »Das kannst du nicht wissen, denn Äpfel gibt es nicht bei uns im Wald. Mein Freund Kelraz, der Bachtroll, ist manchmal draußen. Ich meine vor dem Wald. Er hat von dort Äpfel mitgebracht und mir diesen geschenkt. Als Kind wusste ich gar nicht, dass der Wald irgendwo aufhört. Ich dachte, die ganze Welt besteht aus Wald.«

»Das habe ich auch gedacht«, sagt Tojok. »Aber als du unterwegs warst, war ich draußen. Ich war im verborgenen Tal!«

»Wirklich?«, fragt sein Vater.

»Mommo war auch dabei«, erzählt Tojok. »Dort habe ich auch Smilla kennengelernt.«

»Smilla?«, fragt sein Vater.

»Das ist ein Trollmädchen. Sie ist ungefähr so alt wie Tojok«, sagt der Kater Mommo, der inzwischen dazugekommen ist.

Auch er wird vom Trollvater herzlich begrüßt.

»Smilla hat eine Katze, die heißt Mimi«, erzählt der Kater. »Aber sie ist ziemlich eingebildet.«

»Smilla?«, fragt der Trollvater.

»Nein, die Katze Mimi«, sagt Tojok. Er erzählt weiter: »Smilla wohnt dort mit ihrer Oma, der alten Hulla. Sie will mich bald besuchen.«

»Die alte Hulla?«, fragt Tojoks Vater.

Tojok lacht. »Nein, Smilla natürlich!«, sagt er.

Seine Mutter freut sich immer noch über den schönen, gelbroten Apfel. Sie riecht daran. »Er duftet so gut«, sagt sie. »Den werde ich nicht gleich essen. Ich will noch eine Weile an ihm schnuppern und ihn anschauen können. Ich lege ihn neben mein Bett auf das Nachtschränkchen. Wenn ich morgen früh aufwache, habe ich gleich etwas, worauf ich mich freuen kann.«

Der Trollvater blickt sich in der Wohnung um. »Alles ist noch so, wie ich es in Erinnerung hatte. Das ist gut. Man freut sich, wenn man eine Zeit lang weg war und alles ist noch wie vorher«, sagt er. »Wie lange war ich eigentlich weg?«

»Zwei Wochen werden es schon gewesen sein«, sagt Tojok.

Seine Mutter sagt: »Mir kam es vor wie ein ganzer Monat.«

»So lange?« Tojoks Vater kann es kaum glauben.

Tojok sagt: »Jedenfalls gut, dass du jetzt wieder da bist!«

Die kleine Trollfamilie sitzt gerade beim Abendessen um den Holztisch, da flattert ein Rabe durch die offene Tür. Er setzt sich vor die Trollmutter auf den Tisch.

»He, Tiere haben auf Tischen nichts zu suchen!«, sagt der Trollvater und versucht den Raben vom Tisch zu wischen.

Der Rabe flattert kurz hoch und bleibt dann auf dem Tisch sitzen. Er krächzt: »Ein Stück Ziegenkäse war ausgemacht!«

»Wieso ausgemacht?«, will Tojoks Vater wissen. »Mit wem?«

»Mit der da«, sagt der Rabe und zeigt mit dem Schnabel auf die Trollmutter.

»Ja. Aber das ist schon einige Tage her«, sagt sie. »Ich habe dem Raben ein Stück Käse versprochen, wenn er unseren Tojok sicher durch den Wald und wieder zurück bringt.«

»Das habe ich auch getan«, sagt der Rabe.

»Und dafür hast du deinen Käse bekommen. Sogar viel mehr als ein Stück. Oder etwa nicht?«, fragt sie.

»Doch. Habe ich«, krächzt der Rabe.

»Na und?«, fragt Tojoks Vater.

»Wenn ich jemanden sicher durch den Wald führe, gibt es dafür ein Stück Käse. Hat deine Frau versprochen«, sagt der Rabe zum Trollvater.

»Na und?«, sagt der noch einmal.

Der Rabe kommt jetzt ganz nah zu Tojok und krächzt ihm leise etwas ins Ohr. Aber da Raben nicht sehr leise krächzen können, hören alle mit. »Ich habe deine Freundin durch den Wald begleitet«, sagt er. »Bis hierher.«

»Smilla?«, ruft Tojok und springt auf. »Smilla kommt?«

Sein Vater lacht. »Ist gerade mal neun Jahre alt und hat schon eine Freundin! Wo ist sie denn, diese Silla?«

»Smilla«, verbessert Tojok. »Sie heißt Smilla.«

Der Rabe zeigt mit dem Schnabel zur Tür. »Sie wartet draußen«, sagt er. »Ich soll erst mal rauskriegen, ob sie willkommen ist.«

»Aber natürlich ist sie willkommen!«, sagt Tojok.

»Ob jemand in unserem Haus willkommen ist, entscheiden immer noch die Eltern«, sagt der Trollvater.

»Ja, und?«, fragt Tojok.

»Sie ist herzlich willkommen«, sagt sein Vater. Zum Raben sagt er: »Hol sie endlich herein!«

2.

Natürlich lässt Tojok den Raben nicht allein zur Tür gehen. Er kommt mit. Draußen steht Smilla. Sie hat einen kleinen Rucksack auf dem Rücken und einen Wanderstock in der Hand.

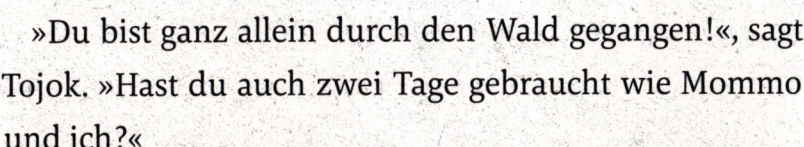

Tojok rennt auf sie zu und will sie umarmen. Dann ist er aber doch zu schüchtern und reicht ihr nur die Hand. »Smilla, du bist wirklich gekommen!«, sagt er. »Ich freue mich!«

Smilla ist weniger schüchtern und umarmt Tojok. »Ich freue mich auch. Sehr sogar«, sagt sie dabei.

»Du bist ganz allein durch den Wald gegangen!«, sagt Tojok. »Hast du auch zwei Tage gebraucht wie Mommo und ich?«

»Ich war nicht allein. Ich hatte ja Raben-Begleitung«,

sagt sie. »So konnte ich mich auch gar nicht verirren. Heute bei Sonnenaufgang sind wir losgewandert.«

»Und jetzt, bei Sonnenuntergang, bist du schon da! Komm mit rein, ich will dir meine Eltern vorstellen.«

Die Trollmutter und der Vater begrüßen Smilla. Der Trollvater holt gleich einen Stuhl für die Besucherin aus dem Schlafzimmer und stellt ihn an den Tisch, die Trollmutter holt einen Teller aus dem Schrank.

»Du musst Hunger haben nach einer so langen Wanderung«, sagt der Trollvater. »Guten Appetit!«

Dann schauen alle zufrieden zu, wie sich Smilla das Abendessen schmecken lässt.

»Und was ist mit meinem Käse?«, fragt der Rabe, der immer noch auf dem Tisch sitzt. »Ich will jetzt meinen Käse!«

Die Trollmutter steht auf, geht noch mal zum Schrank, holt ein Stück Käse heraus und legt es auf den Boden, um den Raben vom Tisch zu locken. »Hier, dein Käse, du alter Krächzer«, sagt sie.

Der Rabe nimmt den Käse mit dem Schnabel auf und flattert nach draußen. Nicht weit vom Haus entfernt trifft er Mommo, den Wildkater.

»Du hast Käse im Schnabel? Wo hast du den geklaut?«, fragt Mommo.

Der Rabe muss den Käse fallen lassen, um sprechen zu können. »Von wegen geklaut!«, schimpft er. »Das war die Belohnung, weil ich Smilla hierhergebracht habe.«

Dann nimmt er den Käse ganz schnell wieder in den Schnabel. Obwohl ja Wildkater nicht gerade scharf auf Käse sind.

»Smilla ist da?«, ruft Mommo aufgeregt. »Hat sie ihre Katze mitgebracht?«

Der Rabe lässt den Käse noch mal aus dem Schnabel fallen. »Nein. Mimi ist nicht dabei«, sagt er. »So eine lange Wanderung war ihr zu umständlich und beschwerlich. Ihre zarten Pfoten könnten dabei schmutzig werden, hat sie gesagt.« Dann nimmt er den Käse wieder in den Schnabel.

»Das hätte ich mir gleich denken können«, sagt Mommo. »Smilla hat ihre verwöhnte Katze also zu Hause gelassen. Ist ja auch egal.«

Aber der Rabe merkt, dass es Mommo eigentlich nicht egal ist und er sie gerne wiedergesehen hätte.

»Und wo ist Mimi jetzt?«, fragt Mommo weiter.

Diesmal lässt der Rabe den Käse nicht noch einmal fallen. Er frisst ihn auf, bevor er sagt: »Die ist bei Smillas Großmutter, der alten Hulla.«

»Danke«, sagt Mommo.

»Danke wofür?«, fragt der Rabe.

»Für die Auskunft«, antwortet Mommo und geht zum Trollhaus, um Smilla zu begrüßen.

Er bekommt auch gleich ein Stück Kuchen. Smilla hat nämlich als Gastgeschenk einen selbst gebackenen

Butterkuchen mitgebracht.
Das ist etwas ganz Beson-
deres. Tojoks Familie
hat zwar eine Ziege,
aber keine Kuh. Und
Butter macht man
ja aus dem Rahm
der Kuhmilch.

Natürlich darf Smilla über Nacht bleiben. Der Trollvater
macht ihr ein schönes Bett aus weichem, duftendem Heu.
   Dann wünschen sich alle noch eine gute Nacht und gehen schlafen.

3.

Am nächsten Morgen weckt ein Schrei der Trollmutter alle auf.

Auch Tojok ist aufgewacht und kommt dazu.

»Was ist los?«, fragt der Trollvater schlaftrunken und richtet sich im Bett auf.

»Mein Apfel!«, ruft die Trollmutter.

»Was ist mit dem Apfel?«, fragt Tojok.

»Er ist weg!«, sagt seine Mutter und zeigt auf das Nachtschränkchen, wo sie den Apfel am Vortag hingelegt hatte.

»Vielleicht ist er runtergefallen«, vermutet der Troll-vater.

Tojok und seine Mutter gehen auf die Knie und schauen unters Bett. »Da ist er nicht«, stellt Tojok fest.

»Schau mal!«, ruft seine Mutter. »Da liegt der Stiel vom Apfel!«

»Der Stiel?«, fragt der Trollvater. »Dann hat jemand den Apfel aufgegessen.« Er steigt aus dem Bett, stellt sich vor Tojok hin, die Hände in die Hüften gestemmt, und fragt: »Hast du etwa den Apfel gegessen?«

»Nein. Natürlich nicht«, sagt Tojok. »Ich würde doch nicht Mamas Apfel essen!«

»Wer kann es dann gewesen sein? Ich war es nicht, deine Mutter war es nicht, du warst es nicht«, zählt der Trollvater auf. »Mommo war es auch nicht. Katzen essen keine Äpfel. Bleibt nur noch eine Person übrig!«

»Du denkst doch nicht, dass Smilla den Apfel geklaut hat?«, ruft Tojok.

Smilla kommt dazu. Sie hat wohl ihren Namen gehört. »Was ist mit mir?«, will sie wissen.

Tojoks Vater blickt sie ernst an und fragt: »Smilla, mal ganz ehrlich: Hast du heute Nacht den Apfel weggenom-men?«

»Ich? Natürlich nicht!«, ruft Smilla. »Der gehört doch Tojoks Mutter!«

»Ja, eben«, sagt die Trollmutter. »Aber jetzt ist der Apfel weg und wahrscheinlich aufgegessen.«

»Wenn Smilla sagt, sie war es nicht, dann war sie es auch nicht!«, sagt Tojok.

»Danke, Tojok«, sagt Smilla.

Tojok überlegt: »Vielleicht ist heute Nacht jemand von draußen reingekommen und hat den Apfel geklaut?«

»Wer soll das denn gewesen sein?«, fragt der Trollvater.

»Doch nicht etwa ein Troll. Du kennst doch die ehernen Trollgesetze, oder?«

»Ja«, sagt Tojok. »Ehernes Gesetz Nummer eins: Ein Troll schlägt keinen Troll. Nummer zwei: Ein Troll bestiehlt keinen Troll. Nummer drei ...«

Sein Vater unterbricht ihn. »Du musst nicht sämtliche Gesetze aufsagen«, sagt er. »Was hier gilt, ist das zweite Gesetz. Deshalb stehen in den Trollhäusern die Türen immer offen. Auch nachts.«

»Wer aber war es dann?«, fragen sich alle.

»Vielleicht unsere Ziege?«, schlägt Tojok vor.

»Hm. Ziegen könnten Appetit auf einen Apfel haben«, überlegt sein Vater.

»Unsere Ziege weiß genau, dass sie nicht ins Haus darf«, sagt die Trollmutter. »Das hat sie bis jetzt auch nie getan.«

»Trotzdem werden wir sie fragen müssen«, sagt der Trollvater, und gleich machen er, die Trollmuter, Tojok und Mommo sich auf dem Weg zur Ziege. Smilla geht neugierig mit.

Die Ziege steht mitten auf der Wiese und zupft gerade an einem Blatt Sauerampfer, als sie bei ihr ankommen.

Der Trollvater stemmt wieder die Hände in die Hüften und sagt streng: »Ziege! Wir haben etwas Ernstes mit dir zu besprechen!«

»Was denn?«, fragt die Ziege und hört erschrocken auf zu fressen.

»Hast du etwas gefressen, was du nicht fressen durftest?«, fragt der Trollvater weiter.

»Ja, leider. Es war ein Versehen. Es tut mir auch leid!«, antwortet die Ziege.

»Was heißt: ein Versehen? Du kannst doch nicht meiner Frau den Apfel wegfressen und dann behaupten, es war ein Versehen!«

»Was ist denn ein Apfel?«, fragt die Ziege.

»Na, die runde rote Frucht, die du gefressen hast!«, sagt der Vater.

»Haare sind doch keine Frucht! Außerdem waren es nur ganz wenige«, verteidigt sich die Ziege.

»Was denn für Haare?«, fragt der Trollvater verwirrt.

»Sie meint meine Haare«, erklärt Tojok. »Sie hat sie gestern für ein Grasbüschel gehalten und daran geknabbert.«

Smilla lacht. »Für ein Grasbüschel!«, ruft sie.

Tojok muss mitlachen. »Es hat ganz schön geziept«, sagt er.

Jetzt begreift auch der Trollvater, dass er und die Ziege die ganze Zeit aneinander vorbeigeredet haben. »Und du hast wirklich nicht den Apfel gefressen?«, fragt er.

»Nein, wirklich nicht«, sagt die Ziege.

»Dann fällt mir jetzt auch nicht mehr ein, wer meinen Apfel verspeist haben könnte«, sagt die Trollmutter, und alle fünf gehen wieder zurück ins Haus.

4.

Nun gibt es Frühstück. Alle essen noch etwas von dem Kuchen, den Smilla mitgebracht hat, und loben ihn.

»Wer hat denn diesen guten Kuchen gebacken? Du oder deine Oma Hulla?«, fragt die Trollmutter.

»Ich ganz allein«, antwortet Smilla stolz. »Die Oma hat zugeschaut, ob ich alles richtig mache.«

»Hättest du Lust, noch so einen Kuchen hier bei uns zu backen?«, fragt die Trollmutter. »Du backst den Kuchen, und ich sehe zu, um es zu lernen.«

»Dazu brauche ich aber Butter«, sagt Smilla. »Und ihr habt keine Kuh.«

»Schade«, sagt die Trollmutter.

»Ich kann noch einen anderen Kuchen. Einen Nusskuchen. Habt ihr Nüsse?«

»Einen ganzen Korb voll«, antwortet die Trollmutter.

Gleich nach dem Frühstück fängt Smilla mit dem Ku-

chenbacken an, macht eine große Schüssel Teig und rührt und rührt.

Tojok ist ein bisschen enttäuscht. Lieber hätte er nämlich mit Smilla auf dem Dach gesessen.

Nun sitzt er da oben mit Mommo.

»Spielen wir was?«, fragt Mommo. »Wie wär's mit: *Ich sehe was, was du nicht siehst?*«

»Nein«, antwortet Tojok.

»Oder: *Ich höre was, was du nicht hörst?*«

»Nein«, antwortet Tojok.

»Du hörst mir gar nicht richtig zu, weil du nur an Smilla denkst.«

»Kann schon sein«, sagt Tojok.

»Wenn du lieber mit Smilla auf dem Strohdach sitzt als

mit mir, kann ich ja gehen«, sagt Mommo. »Dann spiele ich eben mit dem Raben oder der Ziege. Nicht mit so einem muffeligen Tojok!«

»Ich bin nicht muffelig. Ich denke nach«, sagt Tojok.

Mommo fragt: »Worüber musst du denn so tief nachdenken?«

»Als Papa und Mama mir ein Lied zum Geburtstag geschenkt haben, fand ich das schön«, sagt Tojok. »Ich hätte auch gerne ein Geschenk für Smilla.«

»Sie hat aber gar nicht Geburtstag«, sagt Mommo.

»Trotzdem würde sie sich freuen«, sagt Tojok. »Deswegen versuche ich gerade, ein Lied für sie zu erfinden. Es soll sich natürlich reimen.«

»Und? Wie weit bist du schon gekommen?«, fragt der Kater.

Tojok sagt:

»Smilla, du hast
die gespitzesten Ohren!
Du bist mit den
trolligsten Ohren geboren.«

»Schon mal gut«, lobt Mommo. »Das ist aber noch nicht alles, oder?«

»Nein, es geht weiter«, sagt Tojok. »Hör zu:

**Smilla, du hast
das grasgrünste Haar,
grasgrüner
als unsere Wiese sogar.‹‹**

»Grasgrüner?«, wiederholt Mommo. »Klingt gut! Und weiter?«

»Der Schluss fehlt noch. Ich habe erst eine Zeile«, sagt Tojok. »*Smilla, du kommst zu uns durch den Wald ...* Weiter weiß ich nicht. Was reimt sich denn auf Wald?«

»*Und Tojok ist in dich verknallt*«, reimt der Kater. Er lacht und springt vom Dach. »Ich schau mal, was der Rabe so treibt!«, ruft er von unten.

Irgendwann hat Tojok endlich die fehlende letzte Zeile gefunden:

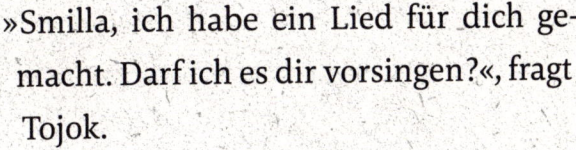

»Smilla, du kommst zu uns
durch den Wald,
ich hoffe, du bleibst
und gehst nicht so bald.«

Er steigt vom Dach, sucht nach Smilla und findet sie in der Küche. Gerade versucht sie, den warmen, dampfenden Kuchen aus der Bratröhre zu nehmen, ohne sich dabei die Finger zu verbrennen.

»Smilla, ich habe ein Lied für dich gemacht. Darf ich es dir vorsingen?«, fragt Tojok.

»Nicht jetzt!«, sagt die Trollmutter. »Siehst du nicht, dass Smilla beschäftigt ist?«

Aber als der Kuchen zum Abkühlen auf dem Tisch steht, darf Tojok sein Lied endlich vorsingen.

Er hat sich auch eine schöne Melodie dazu ausgedacht.

Smilla findet es schön und schneidet ihm zur Beloh-nung gleich ein großes Stück Kuchen ab.

Da kommt auch der Trollvater ins Haus. Er hat draußen die Wiese gemäht. »Es duftet nach frischem Kuchen!«, ruft er. »Kann ich bitte ein Stück haben?«

Natürlich schneidet Smilla auch für ihn ein Stück ab. Und da es sonst ungerecht wäre, auch eines für sich und eines für die Trollmutter.

»Und was ist mit mir?«, fragt Mommo, der auch dazu-kommt.

»Essen Kater Kuchen?«, fragt der Trollvater.

»Ja. Besonders, wenn er von Smilla gebacken wurde«, sagt Mommo und kriegt ebenfalls ein Stück.

»Den Rest gibt es morgen beim Frühstück«, sagt die Trollmut-ter und stellt den Kuchen auf den Küchenschrank.

5.

Mitten in der Nacht wird die Familie wieder durch einen Schrei geweckt. Es war Smillas Stimme.

Tojoks Vater macht Licht. Das geht nicht gerade schnell, denn bei den Trollen gibt es keinen Strom und keinen Schalter, den man einfach drückt. Erst sucht er nach einer Fackel, zündet sie an, dann geht er damit zu Smilla hinüber.

Tojok hat den Schrei auch gehört, steigt aus dem Bett und läuft hinterher.

»Hast *du* so laut geschrien? Was ist los?«, fragt der Trollvater.

»Es war jemand hier. Ich bin aufgewacht, weil ich was gehört habe«, sagt Smilla. »Ich konnte nicht sehen, wer es war.« Sie ist immer noch ganz aufgeregt.

»Und du hast das nicht geträumt?«, fragt Tojok. »Ich träume manchmal so stark, dass ich denke, es wäre echt.«

»Meinst du?«, fragt Smilla. »Vielleicht hast du recht.«

»Nein, *du* hast recht!«, ruft Tojok da. »Es war wirklich jemand hier. Schaut mal: Der Kuchen ist weg!«

Jetzt sehen es auch Smilla, der Trollvater und die Trollmutter, die inzwischen dazugekommen ist: Der Kuchenteller ist leer. Um ihn herum liegen nur noch ein paar Krümel.

»Es war wirklich jemand hier drinnen«, sagt die Trollmutter. »Jemand hat den Kuchen geklaut!«

»Aber wer?«, fragt der Trollvater.

»Wahrscheinlich derselbe, der den Apfel geklaut hat«, sagt Tojok. Er fragt Smilla: »Und du hast wirklich nichts gesehen?«

»Nur so eine Art Schatten«, sagt Smilla.

»War es ein Tier?«, fragt der Trollvater. »Oder doch ein Troll? Nein. Ich kann mir nicht vorstellen, dass ein Troll das eherne Trollgesetz brechen würde!«

»Ich habe eine Idee«, sagt Smilla. »Ich weiß, wie man herausbekommt, ob es ein Tier oder ein Troll gewesen ist.«

»Wie denn?«, fragt Tojok.

»Ich werde morgen noch mal einen Kuchen backen. Vielleicht nur einen kleinen, weil wir ihn sowieso nicht essen werden«, sagt sie.

»Warum sollen wir ihn nicht essen?«, fragt der Trollvater.

»Weil er weg sein wird«, sagt Smilla. »Ich backe den Kuchen, wir stellen ihn morgen Abend auf den Tisch. Bestimmt kommt dann wieder dieser Einbrecher und klaut den Kuchen«, erklärt sie.

»Wozu soll das gut sein?«, fragt der Trollvater. »Dann ist der gute Kuchen weg, und wir wissen immer noch nichts.«

»Doch! Wir wissen, ob es ein Tier oder ein Troll war«, behauptet Smilla. »Wenn wir nämlich Mehl auf den Boden streuen, bevor wir schlafen gehen, sehen wir es am nächsten Morgen an den Fußspuren. Entweder sehen wir Abdrücke von Pfoten oder von Schuhen oder von nackten Trollzehen.«

»Eine sehr gute Idee. So wird's gemacht!«, sagt der Trollvater.

Am nächsten Abend wird der frisch gebackene Kuchen auf den Tisch gestellt.

»Darf ich mir wenigstens ein ganz kleines Stückchen abschneiden?«, bittet Tojok. »Er duftet so gut.«

Er darf es.

Am darauffolgenden Morgen ruft Smilla: »Er war da! Er war heute Nacht wirklich da! Seht euch die Spuren an!«

Davon werden alle wach. Der Trollvater fragt gleich: »Wieso sagt Smilla *er*? Wenn es ein Tier war, würde sie rufen: *Es* war da!«

»Stimmt!«, sagt Tojok.

»Da bin ich aber gespannt«, sagt die Trollmutter.

Im nächsten Moment betrachten alle staunend die seltsamen Spuren auf dem Mehlboden.

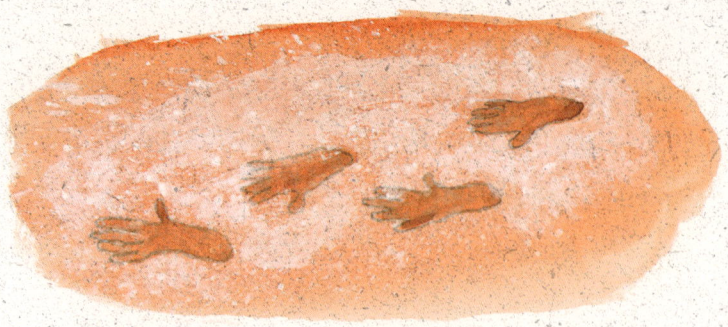

»Ein Tier war es jedenfalls nicht«, stellt der Trollvater fest. »Dieses Wesen geht auf zwei Füßen.«

»Aber was sind das für große Füße?«, fragt sich Tojok. »So lange Zehen! Das war ein sehr großer Troll. Größer als du, Papa!«

»Da hat also ein Troll das zweite eherne Trollgesetz gebrochen«, stellt der Trollvater fest. »Wir müssen eine Trollversammlung abhalten. Alle aus dem Wald müssen zusammenkommen und den diebischen Troll anklagen.«

»Was soll das nützen?«, fragt seine Frau. »Wir wissen doch gar nicht, wer es war. Wen sollen wir denn anklagen?«

Das sieht auch der Trollvater ein. »Aber was dann?«, fragt er.

Smilla hat wieder eine Idee. »Und wenn wir den Dieb fangen?«, fragt sie.

»Wie denn?«, fragt der Trollvater.

Smilla sagt: »Ich werde noch einen letzten Kuchen backen. Den legen wir auf den Tisch. Wetten, dass sich dieser Troll noch einmal reinschleicht und den Kuchen klaut?«

»Dann haben wir wieder einen Kuchen weniger und immer noch keinen Dieb«, sagt der Trollvater.

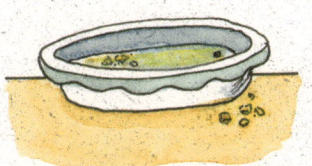

»Und deswegen müssen wir ihn fangen«, sagt Smilla.

»Den Kuchen?«, fragt der Vater.

»Nein, den Dieb natürlich!«, ruft Tojok.

»Und wie?«, will auch Mommo wissen, der inzwischen dazugekommen ist.

»In einem Trollhaus steht die Tür immer offen, wie wir wissen«, sagt Smilla. »Aber man kann Türen ja auch zumachen.«

»Sehr gut. Dann kann er nicht mehr reinkommen, dieser Trolldieb!«, sagt der Trollvater.

»Nein, nicht mehr rauskommen«, sagt Smilla.

»Hä?«, macht der Trollvater.

»Ich verstehe, was du meinst«, sagt Tojok. »Wir warten, bis der Dieb im Haus ist, und jemand macht von außen die Tür zu. Dann ist er gefangen.«

»Und wenn er die Tür wieder aufmacht?«, fragt die Trollmutter.

»Das kann er nicht, weil jemand von außen einen schweren Stein davorlegt«, erklärt Smilla ihren Plan. »Den stellen wir aufrecht neben die Tür. Dann muss man ihn nur anstupsen, und schon fällt er um.«

»Genau!«, sagt Tojok. »Die Tür lassen wir offen. Kaum ist der Dieb im Haus, macht sie jemand von außen zu.«

»Das übernehme ich«, sagt Mommo. »Ich bin nachts sowieso immer wach.«

»Ein guter Plan«, sagt die Trollmutter.

6.

In der Nacht darauf kann Tojok kaum schlafen. Immer wieder setzt er sich auf und lauscht. Dann schläft er doch ein. Er schreckt auf, weil der Stein mit großem Krach gegen die verschlossene Haustür knallt.

Alle sind jetzt wach. Aber es dauert noch ein bisschen, bis der Trollvater endlich mit einer brennenden Fackel zu den anderen ins Wohnzimmer kommt. Da stehen sie und staunen: Der Einbrecher ist kein Troll, es ist doch ein Tier. Ein unbekanntes Tier.

Es geht nicht auf allen vieren, sondern steht aufrecht in einer Zimmerecke und streckt der Trollfamilie abwehrend die Arme entgegen. »Nücht schlagen!«, bittet es.

»So ein Tier wie dich habe ich noch nie gesehen«, sagt der Trollvater.

»Es kommt nicht aus unserem Wald«, sagt die Trollmutter.

124

»Es hat Kleider an!«, staunt Tojok.

»Ja, eine bunte Menschenjacke«, sagt Smilla.

»Und es spricht nicht wie unsere Tiere«, stellt der Trollvater fest. Zum Tier sagt er: »Wo kommst du her? Was bist du überhaupt für ein Tier?«

»Und warum klaust du meinen Kuchen?«, sagt Smilla.

»Üch hab so großen Hunger gehabt. Großen Hunger«, sagt das Tier. »Üch bün ein Affe.«

»Ein Affe?«, wiederholt Tojok.

»Ja, ein Affe«, sagt das Tier.

»Dieses Wort habe ich noch nie gehört«, sagt der Trollvater.

»Warum hast du so eine komische Jacke an?«, fragt die Trollmutter. »Die Tiere hier bei uns tragen keine Kleider!«

»Dü haben mür andere Menschen angezogen«, antwortet der Affe. »Kann sü nücht allein auszühen. Sü üst vorne zu.«

»Soll ich dir die Jacke ausziehen?«, fragt der Trollvater. »Was hat die denn für komische Knöpfe?« Er geht auf den Affen zu.

Der weicht ängstlich zurück und ruft: »Nücht schlagen!«

»Warum denkst du immer, jemand will dich schlagen?«, fragt Tojok.

»Ühr Menschen schlagt ümmer«, sagt der Affe.

»Wir sind keine Menschen, wir sind Trolle«, sagt

Smilla. »Oder hast du schon
mal Menschen mit grünen
Haaren gesehen?«

»Trolle?«, wiederholt
der Affe. »Trolle schla-
gen nücht?«

»Nein, sie schlagen
nicht«, sagt der Troll-
vater, während er den Af-
fen von der dicken Jacke be-
freit. Auf dem Rücken der Jacke steht etwas geschrieben.

»*Circus Binotto*«, liest die Trollmutter vor. »Dein Name
ist also Circus?«

»Circus, jetzt musst du uns aber endlich deine Geschichte erzählen«, sagt Tojok.

»Wie kommst du in unseren Wald? Wo kommst du
überhaupt her? Circus, erzähl doch mal!«, fordert auch
der Trollvater den Affen auf.

»Üch heiße nücht Cürcus, üch heiße Schimpa«, sagt
der Affe. »Cürcus, das üst da, wo müch dü Menschen ein-
gesperrt und gehauen haben. Das üst ein großes, run-
des Dach aus Stoff, und unten ün der Mütte üst ein Kreis.
Da sollte üch tun, was dü Menschen von mür verlangen.
Manches habe üch verstanden. Üch sollte machen, dass
süch zwei Reifen um müch drehen.«

Tojok kratzte sich am Kopf. Zwei Reifen? Was Schimpa da erzählte, war wirklich seltsam.

»Aber oft habe üch nücht verstanden, was dü Menschen von mür wollten«, erzählt der Affe weiter. »Üch verstehe dü Menschensprache nücht. Sü haben geschümpft und müch müt einer Rute an den Beinen gehauen. Dann haben sü müch ün einen Käfüg gesteckt.«

»Das ist gemein!«, ruft Smilla.

In diesem Augenblick wird von draußen heftig an die Tür geklopft.

»Das ist Mommo, der steht ja immer noch draußen!«, ruft Tojok. Er versucht die Tür aufzudrücken. Sie lässt sich nicht bewegen.

Auch der Trollvater versucht vergeblich, die Tür zu öffnen. Aber er weiß einen Ausweg, öffnet ein Fenster und steigt hinaus. Draußen kann er zusammen mit Mommo den schweren Stein beiseiteschieben.

»Was ist denn das für ein Tier?«, fragt auch Mommo, als er endlich mit Tojoks Vater durch die Tür kommt.

»Ein Affe«, erklärt Tojok. »Er heißt Schimpa und erzählt uns gerade seine Geschichte.«

Schimpa fährt fort: »Einmal haben dü Menschen vergessen, meinen Käfüg abzuschlüßen. Da bün üch schnell davongerannt. Sü haben eine ganze Meute Hunde hünter mür hergeschückt. Dü sollten müch zurückholen. Üch bün ün den Wald geflüchtet und auf einen Baum gestügen. Üch kann gut klettern und habe müch von einem Baum zum nächsten geschwungen. Ümmer tüfer ün den Wald hünein. Einen ganzen Tag lang. Üch oben ün den Bäumen, dü Hunde unter den Bäumen. Dann kamen sü an einen Bach.«

»Den kennen wir«, sagt Mommo. »Vor dem standen wir auch schon mal.«

»Da sünd dann dü Hunde umgekehrt. Üch habe von dem Wasser getrunken und bün weitergegangen, weg von den Menschen, weg von den Hunden, ümmer tüfer ün den Wald hünein.«

»So bist du schließlich in unserem Wald angekommen«, sagt die Trollmutter.

»Ja, und hast unseren Kuchen geklaut!«, sagt Smilla.

»Das tut mür sehr, sehr leid«, sagt Schimpa. »Üch hatte drei Tage lang nüchts gegessen. Üch hatte so großen Hunger.«

»Hättest du uns gefragt, hätten wir dir doch was zu essen gegeben!«, sagt die Trollmutter.

»Üch wusste ja nücht, dass ühr Trolle seid. Üch hab euch für Menschen gehalten«, sagt Schimpa.

»Und was machen wir jetzt mit Schimpa?«, fragt der Trollvater.

»Bütte nücht zurückschücken zu den Menschen«, bettelt Schimpa. »Kann üch nücht bleiben?«

»Hm«, der Trollvater denkt nach. »Da müssen wir die anderen Waldbewohner fragen, ob sie einverstanden sind. Das ist bei uns der Brauch.«

7.

Wenig später geht Mommo durch den Wald und holt alle zu einer Trollversammlung. Es kommen wirklich alle zusammen. Auf der großen Wiese hinter dem Trollhaus sitzen nun: der Bachtroll Kelraz, der Bärenvater und die Bärenmutter mit Bobo, auch die Ziege und der Hase. Sogar der Biber ist aus seinem Bach gestiegen und sitzt tropfend im Gras.

Ihnen gegenüber stehen Tojoks Familie, Smilla, Mommo und der Rabe. Neben ihnen, von allen anderen angestaunt, steht Schimpa, der Affe.

Der Trollvater stellt ihn vor: »Das ist
ein Affe. Er heißt Schimpa und ist
vor den Menschen geflüchtet. Er will
hier in unserem Wald bleiben. Was sagt
ihr dazu?«

Die Ziege und der Hase fragen fast
gleichzeitig: »Schimpa, frisst du Gras?
Frisst du Klee?«

Schimpa schüttelt den Kopf.

»Dann kannst du bleiben«, sagt die Ziege. Der Hase
nickt.

»Bist du oft im Wasser?«, fragt der Biber.

Schimpa sagt: »Nein. Nü!«

»Dann sollst du meinetwegen bleiben«, sagt der Biber.

»Raupen mag er wahrscheinlich auch nicht«, murmelt der Rabe.

»Magst du Honig, Schimpo?«, fragt Bobo.

»Was üst denn Honüg?«, fragt der Affe zurück.

»Etwas Süßes, Gutes«, sagt Bobo.

»Süßes esse üch gerne«, sagt Schimpa.

»Wenn mir Schampo den Honig wegfuttert, soll er wieder gehen!«, sagt Bobo.

»Bobo hat recht«, sagt der Bärenvater. »Ein Affe gehört nicht hierher! Der gehört nicht in unseren Wald!«

»Willst du ihn denn zurückschicken zu den Menschen, die ihn gequält haben?«, fragt Tojok.

Der Bärenvater gibt keine Antwort.

»Ihr müsst keine Angst um euren Honig haben«, sagt der Trollvater. »Dieser Affe wagt sich sowieso nicht in eure Bärenhöhle.«

»Ja, den würden wir raustreiben, diesen Schampi!«, sagt Bobo stolz.

»Er heißt Schimpa!«, verbessert Tojok. »Dann kann der Affe also bleiben?«

Kelraz, der Bachtroll, meldet sich zu Wort. »In eurem Haus kann er ja wohl nicht wohnen. Viel zu eng. Ihr müsst ihm eine Hütte bauen oder so was Ähnliches!«

»Wir schaffen das schon«, sagt die Trollmutter.

»Na, dann ist ja alles klar. Ich kann wieder ins Wasser. Ich mag es nasser«, reimt der Biber.

»Einen Moment!«, sagt Smilla, die bis jetzt still dabeigestanden hat. »Ich habe eine Idee: Warum kommst du nicht mit mir ins verborgene Tal? Wir sind dort nur zu zweit. Eine alte Frau, die schon am Stock geht, und ich, ein junges Mädchen. Du hilfst uns bestimmt gerne bei der Arbeit. Bei uns brauchst du auch keine Angst mehr vor den Hunden haben. Um zu uns ins Tal zu kommen, muss man erst eine Felswand hochklettern.«

»Klettern kann üch gut!«, sagt Schimpa.

»Heißt das, du würdest mit zu uns ins Tal kommen?«, fragt Smilla.

»Sehr, sehr gerne«, antwortet der Affe.

»Na, dann ist ja alles klar«, sagt Kelraz zufrieden.

Schon einen Tag später machen sich Schimpa und Smilla auf den Weg durch den Wald. Tojok begleitet sie noch ein ganzes Stück. Am Bachufer bleiben sie stehen.

»Smilla, kommst du bald mal wieder?«, fragt Tojok.

»Wünschst du dir das?«, fragt Smilla zurück.

»Sehr!«, sagt Tojok, und die beiden umarmen sich zum Abschied.

»Danke für alles!«, sagt Schimpa zu Tojok. »Danke, dass ühr müch bei euch aufnehmen wolltet.«

»He, jetzt macht mal!«, ruft der Rabe. Er ist nämlich auch dieses Mal mitgekommen, damit Smilla sich nicht verläuft. Und weil er hofft, dass er zur Belohnung wieder seinen Käse bekommt. »Soll ich vielleicht ewig auf euch warten?«

»Nein, das sollst du nicht«, sagt Smilla und geht. Sie dreht sich noch einmal um und winkt Tojok zu.

Gleich darauf sind Schimpa, der Rabe und Smilla zwischen den hohen Bäumen verschwunden.

ENDE

Paul Maar
Seine schönsten Kinder- und Jugendbücher

Illustrationen von Ute Krause und Nina Dulleck

Oetinger

Weitere Informationen unter:
www.dassams.de und **www.oetinger.de**